PR視点のインバウンド戦略

訪日中国人の興味は「爆買い」から「体験
「地方」へ

電通パブリックリレーションズ
電通公共関係顧問
鄭燕
日中コミュニケーション
可越

はじめに

インバウンド（訪日外国人旅行）といえば、中国人観光客による「爆買い」を思い浮かべる人も少なくないでしょう。しかし、いま、そのような買い物や景勝地めぐりといった定型的な観光から、インバウンドは新たな分野へ広がりつつあります。京都の禅寺で座禅を体験したり、四国のお遍路の旅に癒やしを求めるなど、日本文化を体験するという人たちも増え始めています。

文化体験といえば、音楽鑑賞も有力なコンテンツのひとつ。東京は実にたくさんのコンサートを開催している都市です。コンサートへ中国人観光客を誘致しようという活動も積極的に推進されています。このように、「日本に来れば、こんなにも多様な文化体験ができるのだ」という評価が、中国人に着実に浸透しつつあるようです。

他方、こうしたインバウンドの動向を見据えて、都心だけでなく、少子高齢化によって縮小傾向にある地方へ、中国人観光客を呼び込もうという機運が各分野で高まりを見せています。

本書の著者、鄭燕（てい・えん）さんと可越（か・えつ）さんは、多様化するインバウンド誘致を軌道に乗せるため、中国人の視点を活かしたサポートを行っています。日中双方の事情に詳しい二人は、インバウンド・ビジネスを成功に導く「水先案内人」の役割を果たしています。

鄭さんは、中国にある日中合弁企業に就職したことが、日本とかかわる契機となっています。同社が経営するホテルで働いていたときに、日本へ留学する機会を得て、一橋大学商学部に入学。その後、アクセンチュア日本法人を経て、２００３年に電通に入社。電通本社では、大手グローバルメーカーの海外営業兼戦略プランナーとして、アジアをメインとした海外生活者調査、現地コミュニケーション支援構築、グローバルブランドガイドブックの制作、９カ国共通イントラネットの構築などを手がけてきました。

現在の鄭さんは、北京、上海そして広州に拠点を置く電通公共関係顧問（北京）の総経理（社長、最高経営責任者）を務めています。設立7年目の同社は、クライアントの7割以上が日系企業、その他が中国企業や台湾企業などです。中国における日系ＰＲ会社の中で最も著しい発展を遂げてきただけでなく、過去5年間の中国ＰＲ業界の平均成長率が約15・５％（中国国際公共関係協会発表の中国公共関係業年度調査報告による）であるのに対し、同社の成長率はそれをはるかに上回っています。業務については、日本製品やサービスのＰＲ案件はもとより、従来のＰＲの枠を超えてより深く戦略的なコミュニケーションに重点を置いた、ブランドレピュテーションマネジメントやビジネスリーダーのプレゼン能力を高めるスピーチ研修など、トータルなＰＲ戦略を積極的に展開しています。また近年、隆盛を見せるインバウンドビジネスに、より深く関与していくため、インバウンド業務も積極的に開拓しています。

一方、可さんは１９９４年に留学のため来日し、97年に電通に入社。その後、東京大学の修士課程でメディアを研究。修了後、２００４年に日中コミュニケーションを創業しました。

そのころから可さんは、インバウンド業務に関与しています。当時の小泉首相は２０１０年までに１０００万人の外国人を誘致するというスローガンを掲げていました。「ビジット・ジャパン・キャンペーン」という施策が始まり、推進本部の中に中国関係の部会が設置され、可さんはそのメンバーでした。２０１３年には観光庁と日本観光振興協会の「観光おもてなし研究会」の委員に就任しました。

可さんの会社は、日本企業の中国向けＰＲをメイン業務としており、起業当初は、家電量販店などへの中国人誘致に貢献していました。現在は、自治体から観光誘致の相談を受けることも多く、外国人という第三者の目で、「地方創生」のアドバイスも行っています。このほか、中国に関する講演も行っており、中国文化への理解の橋渡しに努めています。

この鄭さんと可さんが出会ったのは２００８年のこと。「中国ＰＲ研究会」という会合のメンバーになったことがきっかけです。この研究会では、日中間のコミュニケーションのギャップをどのように埋めていくのかを検討。日本の企業をいかにして中国へＰＲすべきかを研究していました。そのころから、すでに二人は、日中間のコミュニケーションをテーマにして、両国にメリットのある本を出版できないかと話をしていました。

そして私たち電通パブリックリレーションズは、マーケティング・コミュニケーションおよびコーポレート・コミュニケーション領域でＰＲコンサルティングから専門的なソリューションまでを提供する会社です。インバウンドを契機にＰＲの需要開拓を行うため、社内に専門チームを立ち上げ、企業や自治体を対象に、日本の魅力を訪日観光客に伝えるための支援を強化しています。PR視点で、特に中国人のインバウンドを推進していく上では、日中間のコミュニケーションは欠かせません。そこで、インバウンドを切り口に、三者の視点から、日本人に役立つ書籍を出版しようと決心しました。

内容は、中国人のライフスタイルやメディア接触の現状、対中コミュニケーションの戦略や課題、インバウンドを地方へ誘致するヒントなど盛り沢山です。

日本はいま、数千年の歴史の中で一度も経験したことのない大変革に直面しています。なぜかというと、これほど多くの外国人が日本に来ることは、過去になかったからです。年間2000万人もの外国人が来ることはまさに大変革であり、これからも続いていくわけです。これは時代の趨勢であり、日本および日本人にとって直面せざるを得ない事実なのです。

そのとき、異文化とのコミュニケーション力が重要になってきます。育った環境や価値観が違う人と接するときは、対立を避けて確かな信頼を築いていくことが肝要です。観光客に対して、どのように接していけば、より安心できる社会づくりができるのか、日本人は考えていかなければなりません。

訪日客による観光が、買い物だけでなく、文化体験に重きが置かれるようになる中で、また、旅行先が都心だけでなく地方へも広がっていく中で、異文化とのコミュニケーション力を鍛えていくことが、ますます重要なテーマとなっています。言葉だけのうわべのコミュニケーションではなく、文化や価値観、個人の生育環境をはじめ、相手の考えなどを分かり合うことが大切で、それがインバウンドを日本に根付かせることにもつながります。

インバウンドからビジネスチャンスを得ようとする場合にも、しっかりと腰を据えて、相手の文化を知ることが必要になってきます。やがて、インバウンド・ビジネスにおいて、勝ち組と負け組の色分けが出てくるでしょうが、勝ち組は、積極的に海外に情報発信を行っていく企業や自治体です。異文化コミュニケーション力を高めていくことこそが勝ち組への近道であることは間違いありません。

「親しい友人同士でも、いろいろとギャップを感じることがあります。意見が衝突することもあります。中国人と日本人の間に違いがあって当然。たとえ日中関係が悪くなっている時期でも、おだやかな心で対応していくことが大切だと思います。この本では、私たち

の経験や中国人の考え方などを多岐にわたってご紹介していますが、それがみなさんのお役に立てば幸いです」（鄭さん・可さん）

本書には、親日家である二人の中国人女性が抱く日本への熱い思いと、インバウンド・ビジネスを成功に導く示唆が込められています。

（電通パブリックリレーションズ　インバウンドプロジェクトチーム）

はじめに 2

第1章
いま、日本のインバウンド市場に何が起きているのか？ 17

1-1 間もなく1000万人突破か？ 訪日中国人は間違いなく増え続ける 18
・韓国や台湾を抜いて中国人が訪日観光客のトップへ
・中国人のインバウンド消費が日本の経済を下支えする？
・外国人の受け入れ態勢が今後の最重点課題

1-2 訪日中国人観光客が増加したことには、これだけの理由がある！ 28
・中国版「高度成長」で中産階級が激増
・効果絶大だったビザ発給要件の緩和
・「爆買い」を加熱させた円安や消費税免税
・ネットの普及が日本への関心を高める

1−3 インバウンド事業取り組みの遅れをチャンスに変える 39
・中国人観光客を地方に誘致することで問題解決へ
・中国人インバウンドがもたらす新たな「開国」
【コラム】15万人が来場。北京「旅行博」から見えてきた訪日旅行 46

第2章

インバウンド事業、成功と失敗の分かれ道はどこに？ 53

2−1 地方へ広がるインバウンド。「モノ消費」から「コト消費」へ 54
・「爆買い」から新たなステージへ
・多様化するインバウンドの観光ニーズ
・「コト消費」のインバウンドは地方に向かう
・自分自身を再発見することのむずかしさ
・彼を知り、己を知れば、百戦して殆うからず

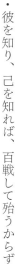

2-2 インバウンドを地方へ誘致するためのヒント 71
・きめ細かい情報発信の必要性
・地域内の連携でインバウンドに対処
・多角的な視点で地元の魅力を探る
・日本には魅力的なテーマ旅行がまだまだある
・中国の旅行会社に企画旅行を提案
・タクシーの手配案内などで外国人観光客の利便を図る

2-3 成功事例から学ぶ中国向けインバウンド・ビジネスへの視点 89
・中国でプロモーションに成功している日本企業はまだ少ない
・中国人による中国人のためのプロモーションを
・スタート時点から中国人のスタンスに立って戦略を考える

【コラム】中国旅行会社リポート 99
①《凱撒旅游総公司（Caissa）》
②《知行家》

第3章 中国の社会とヒトを読み解く 111

3-1 日本を訪れる中国人は、どのような人たちか？ 112
・訪日中国人観光客の中心は20～30代
・日本の「質の高いサービス」を評価
・日本は、中国人にとって一度は行ってみたい国

3-2 急激に変貌する中国社会と中国人のライフスタイル 120
・スマホひとつで何でも片づく「デジタル超先進国」
・安心・安全や品質を求める「80后」や「90后」世代
・家族や地縁を重視するメンタリティ

3-3 インバウンド誘致のための情報戦略 129
・旅行前も旅行中も、情報収集はＳＮＳから
・中国人気女優のフォロワー数は４０００万人
・ＫＯＬ効果を最大限に導き出す！―中国プロモーション成功事例―

・中国人の心をつかむテーマ旅行!!―旅行企画ケーススタディー―
・口コミの拡散＝リスクの拡散？　リスクをチャンスに変える取り組み
・ウィーチャットが時代遅れになる日が来る!?
【コラム】中国デジタルPR事情レポート1
巨大ガラパゴス？　それとも次代の先駆者？
手法から読み解く中国のコミュニケーション最前線　156

第4章
コミュニケーションの誤解を解き、未来志向へ　161

4―1　異文化コミュニケーションに対する理解力を高める！　162
・グローバル化する「70后」以降の世代
・人に対する「距離感」の微妙な違い
・「鷹揚さ」や「気配り」の視点に民族性の相違
・「空気を読む」ことができるのは日本人だけ？
・個人を律する基準はどこの国でも同じ

4―2 インバウンド・ビジネスの将来性 175
・信頼できるパートナーと組むことが成功のポイント
・中国人インバウンドの将来はどうなる？
・匠の心を求めて、日本に学ぶ中国政府と企業家たち
【コラム】 中国デジタルPR事情レポート2
13億人を動かすべく奔走する、中国のデジタルPR 185

第5章 地方創生の切り札は「インバウンド」だ!! 191

【インタビュー】 旅行客の地方誘致とPRの役割 192
・地方創生を支える観光振興のプレーヤーたち
・活躍が期待される「日本版DMO」とは？
・現状を把握し、ターゲットを設定する
・「何もない」ところから「ストーリー」を紡ぎ出す
・ターゲットに「刺さる」情報の発信を
・インバウンド誘致の合意形成を図る

【座談会】　地方はインバウンド需要を取り込めるか
――地方創生への期待と課題　210
・官民連携でインバウンドを地方創生に活かす
・インバウンド誘致にマーケティングの考え方を取り入れる
・地元が稼ぐ仕組みづくりでＤＭＯを設立
・欧米のＦＩＴに特化して独自性を発揮
・旅行博への出展やＳＮＳで情報発信
・多くの自治体にとって「インバウンド」は手探り状態
・オンリーワンの観光資源を見つけて「地方創生」の促進へ
・インバウンド推進には地元の理解を得ることが大切
・無理せず自然体でインバウンドに臨む
・国内と海外の需要バランスを考えて健全な発展を
【コラム】　広域連携でインバウンド誘致に取り組む
「せとうち観光推進機構」　239
おわりに　248

第1章

いま、日本のインバウンド市場に何が起きているのか？

1-1

経済活性化の牽引役が期待されるインバウンド。その現状と課題を概観しつつ、今後も増加傾向にある中国人観光客の動向や特徴を浮き彫りにします。

間もなく1000万人突破か？ 訪日中国人は間違いなく増え続ける

韓国や台湾を抜いて中国人が訪日観光客のトップへ

近ごろでは、東京の銀座や秋葉原を歩いていると、外国人観光客の姿を当たり前のように見かけます。その中でも、特に目立つのが中国人観光客です。デパートや家電量販店の店内で、どこからともなく中国語の会話が聞こえてきたという経験をした人も少なくないことでしょう。

中国人の訪日観光客が激増していることは、統計を見れば明らかです。ＪＮＴＯ（日本政府観光局）によると、２０１５年に日本を訪れた外国人旅行者は約１９７４万人で前年比約47％増加し、過去最高を記録しています。このうち、約１６６５万人がアジアからの観光客で、訪日外国人旅行者全体の約84％に達しています。

国・地域別に見ると、中国からの観光客が約４９９万人、韓国が約４００万人、台湾が約３６８万人と続きます。２００７年以降は、この３カ国がずっとベスト３を占めており、２０１５年に中国が韓国、台湾を抜いて初めてトップになりました。中国からの観光客は、２０１２年が約１４３万人、２０１４年が約２４１万人ですから、わずか３年で３倍以上に増えたことになります。

こうした中国人観光客の増加傾向は、今後も続くと予想されています。日本政府は、訪日外国人旅行者の数を２０２０年に４０００万人、旅行者が日本で消費する金額を８兆円、さらに２０３０年には旅行者を６

訪日外国人客の国・地域別内訳

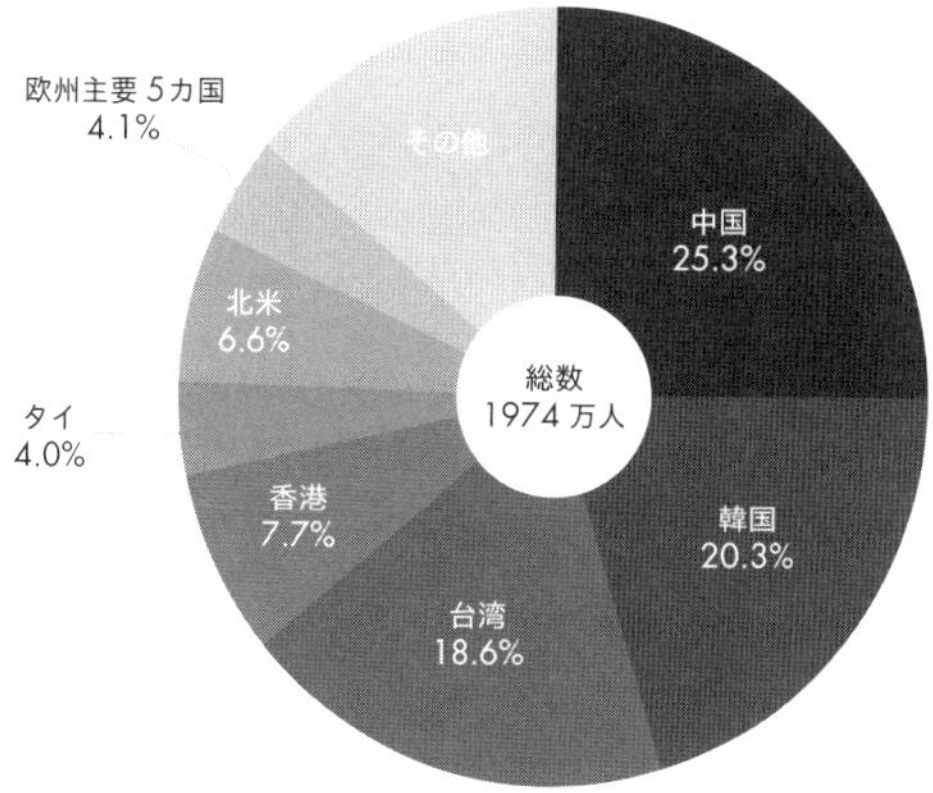

出典：日本政府観光局「2015年訪日外客数（総数）」

000万人、消費金額を15兆円にするという目標を掲げています。この目標設定の有力な裏付けとなっているのが、中国人観光客の増加予測であることは間違いありません。

なぜ今後も中国人観光客の増加が確実視されるのかといえば、中国人の海外旅行事情が参考になります。

2015年の中国人の海外旅行者は年間で約1億人、海外旅行における消費額は約2290億ドルとされています。飛行機を利用した1泊以上の海外旅行で多くの中国人が訪れている国・地域は、韓国が第1位。続いてタイ、香港、日本、台湾の順となっています。

韓国は2006年に規制緩和を実施し、ビザ免除で済州島への外国人受け入れを開始したのですが、これによって済州島を訪問する外国人が激増。その大半が中国人でした。韓国は現在、中国人に対して訪問地要件なしの数次ビザを発行しており、訪韓中国人が約600万人となっているのは、国の政策が大きく影響しているためでしょう。

日本も、韓国の後を追うように、2015年にビザ要件の大幅緩和に踏み切り、それが訪日中国人観光客増加の原動力になっていると見られます。中国人観光客の増加率は、日本のほうが韓国を上回っているので、早晩、韓国を追い越すのではないかというのが有力な見方です。

また、外国人旅行者に占める中国人旅行者の割合を国・地域別に見ると、韓国は45%ですが、日本は25%なので、その点でも、まだ拡大の余地が十分にあるといえるでしょう。

現在の中国は、ちょうど日本が高度成長期に海外旅行ブームを迎えたような状況にあり、海外旅行に対する関心が急速に高まっています。中国の人口は約13億人。人口が１億人に満たない韓国や台湾から数百万人の訪日観光客があることを思えば、日本を訪れる中国人が１０００万人の大台に乗っても不思議ではないでしょう。

中国人のインバウンド消費が日本の経済を下支えする？

日本を訪れる中国人観光客には、いくつかの特徴があります。たとえば、リピーターよりも初来日の観光客が多いこと。２０１５年の訪日外国人消費動向調査によれば中国人観光客の63%が初来日です。また、ビザ要件との兼ね合いや、３~７日間しかない中国の連休事情などから、１週間未満の短期滞在が約６割となっているのも特徴のひとつです。

しかし、最も大きな特徴は、「団体旅行」と「爆買い」でしょう。大型旅客船から、中国人観光客の団体が上陸する光景をテレビでご覧になった人も少なくないはずです。この

第1章
いま、日本のインバウンド市場に何が起きているのか

団体旅行が、訪日中国人の数を押し上げていることは間違いありません。団体の観光客は、いわゆる「ゴールデンルート」と呼ばれるコースを慌ただしく駆け抜けていきます。東京から箱根や富士山を経由して、京都や大阪などを訪問するパッケージツアーです。

そして中国人観光客といえばショッピング、いわゆる「爆買い」が代名詞になっています。銀座周辺の家電量販店やデパート近くには、観光バスがずらっと並んで駐車し、中国人観光客であふれかえる様子がたびたびメディアに取り上げられていました。こうした光景も今やだいぶ変化してきていますが、他国からの観光客に比べ、その旺

訪日外国人客数と旅行消費額

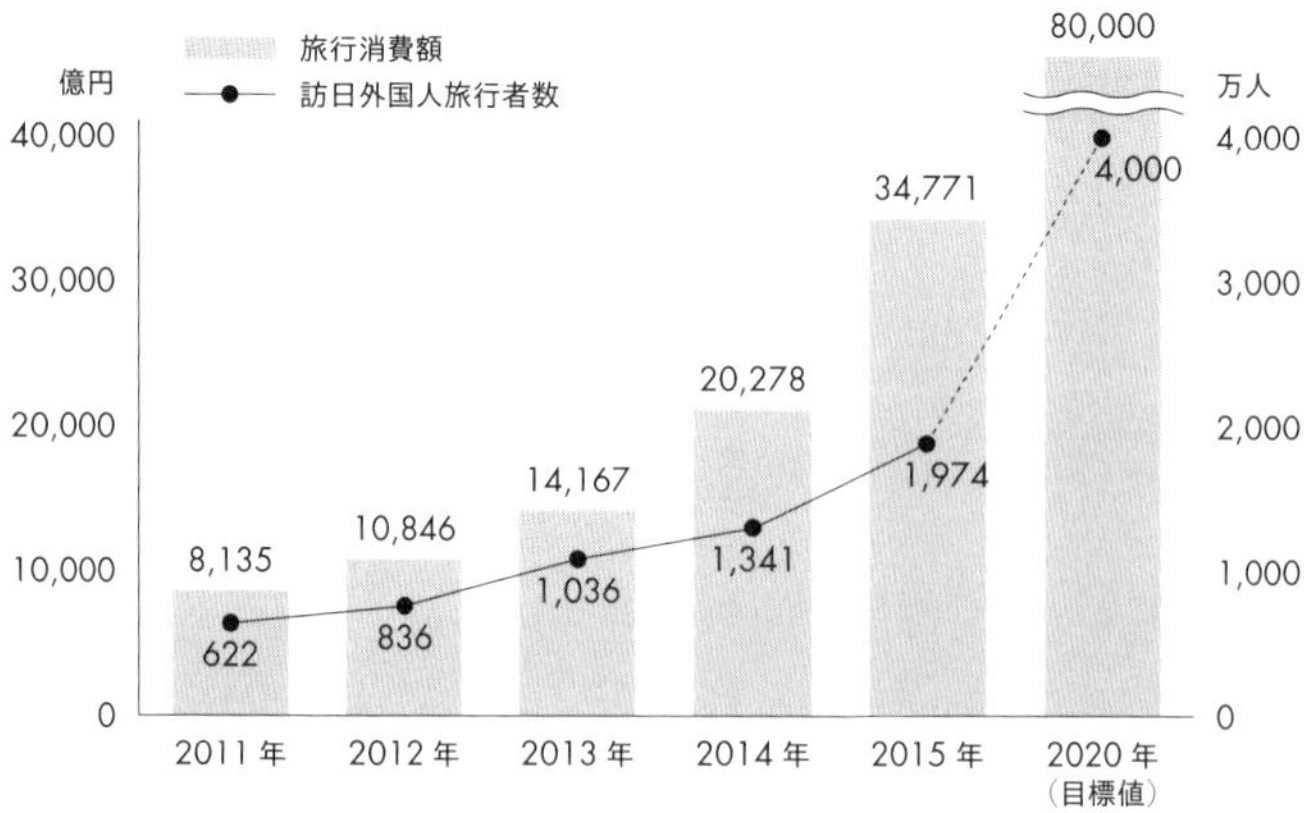

出典：観光庁「訪日外国人消費動向調査」2015年

盛な消費意欲には依然目を見張るものがあります。

人気のある品目は、化粧品や医薬品、トイレタリー用品など。炊飯器や温水便座、魔法瓶といった製品も、中国人が購入するモノの定番となっており、買い物の様子がメディアでよく取り上げられていました。また、日本人に人気のある商品を購入するという傾向もあり、事前にリストアップして買い物をする人が少なくありません。

訪日外国人観光客の増加にともなって、日本での消費額も急増しており、２０１５年の訪日外国人旅行消費額は３兆４７７１億円と前年比71・5％の増加となっています。国・地域別では、中国が１兆４１７４

国籍・地域別の訪日外国人旅行消費額と構成比

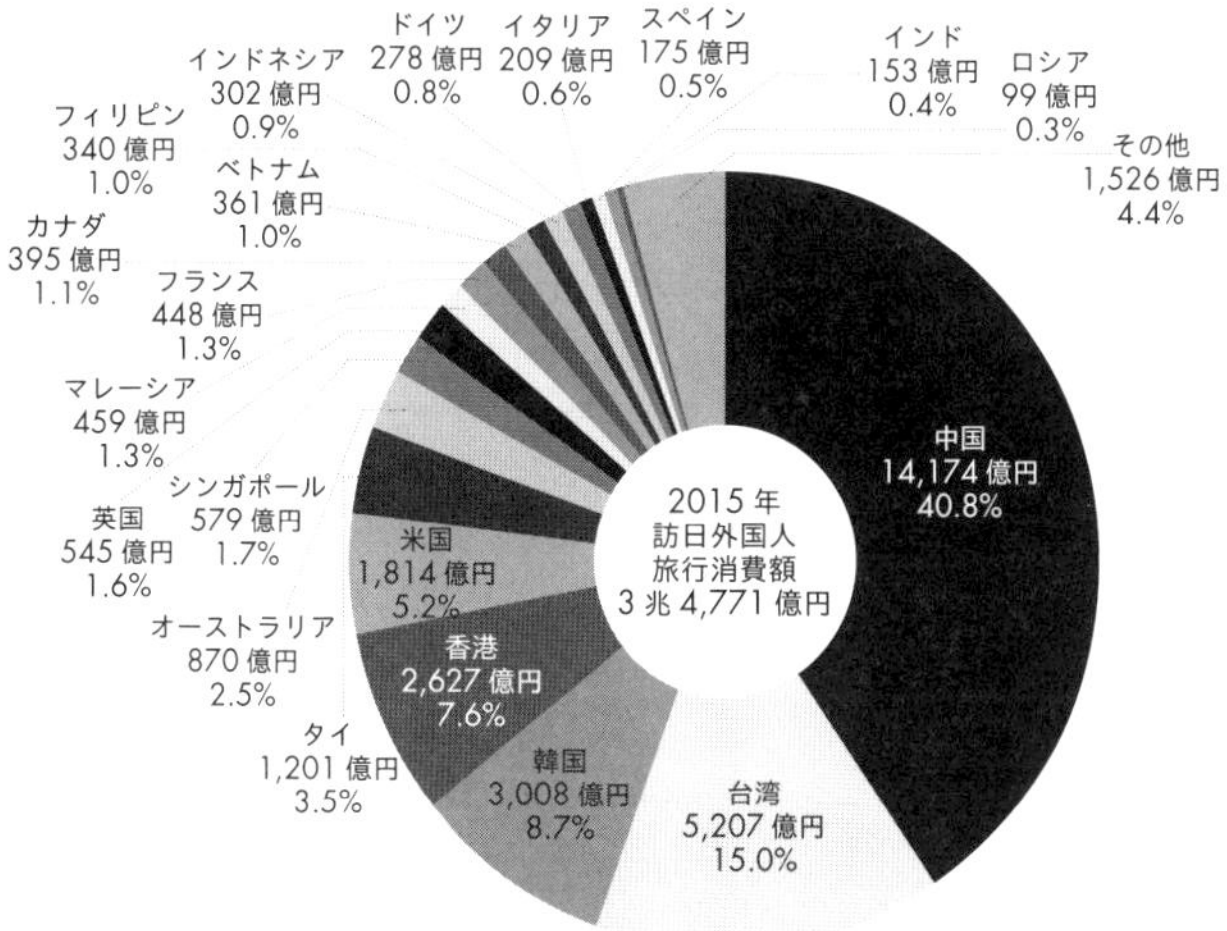

出典：観光庁「訪日外国人消費動向調査」2015年

億円と最も多く、全体の40％を占めてほかを圧倒。2位の台湾（５２０７億円）、3位の韓国（３００８億円）に大きく水をあけています。この数字を見ると、中国人旅行者が日本国内のインバウンド消費を下支えしているといっても過言ではないでしょう。

中国人の消費額の内訳を見ると、ショッピングが８０８８億円と全体の6割弱を占め、宿泊費（２５０３億円）や飲食費（２１１３億円）、交通費（１０９４億円）などを大幅に上回っています。

インバウンド消費は、ＧＤＰの規模で見れば、まだわずかなものですが、今後、日本を訪れる中国人観光客が数千万人規模になれば、消費市場に大きな恩恵がもたらされる可能性は十分にあるといえるでしょう。

外国人の受け入れ態勢が今後の最重点課題

インバウンドの急激な拡大は、さまざまな問題を顕在化させています。その課題のひとつが、受け入れ態勢です。日本は２０００万人もの外国人観光客を受け入れた経験がなく、観光業をはじめ関連業界では、巨大なインバウンド需要に対応できる態勢がまだまだ不十

分です。宿泊施設や旅客輸送など、サービスを提供するうえで支障を来しかねない問題が山積しているのです。

まず、訪日客の増加によって、東京や大阪など大都市の宿泊施設が不足していることが、深刻な問題として表面化しています。インバウンド急増にともなって2015年の東京や大阪の宿泊施設の稼働率は80％以上に達し、予約が取りづらい状態になっています。今後、4000万人、6000万人もの外国人観光客を迎え入れることになれば、宿泊施設を新設するための大きな投資も必要になってくるでしょう。

ホテル不足を補うため、旅館の利用を促進するなどの施策が実施される一方、国家戦略特区を設けて民泊を活用する試みも進められています。旅館業法などの規制を緩和することによって、使っていない部屋や空き家を利用できるようにする取り組みです。しかし、特区の民泊には、宿泊期間が7～10日、建物の面積が25平方メートル以上という条件が課されており、それを普及させるには、さらなる法改正が必要です。

観光バスの不足も大きな問題となっています。夏期の北海道では、外国からの訪日客がオーバーフロー気味となり、ツアーバスを調達することができず、受け入れを断念するケースも生じていました。観光バスの営業区域を拡大するなどの規制緩和や、旅客輸送業界

第1章
いま、日本のインバウンド市場に何が起きているのか

のネットワーク化をいっそう促進することも求められます。

また、通訳の不足も問題です。ボランティアの通訳は優秀で、まさに日本の魅力である「日本人」の良さを肌で感じさせてくれます。ところが、政府が認定する「通訳案内士」の数がなかなか伸びません。通訳案内士の条件を再検討して、多くの人にライセンスを持たせるようにすべきではないでしょうか。

英語を話すことができない多くの中国人観光客と、中国語をほとんど理解できない日本人との意思疎通には支障が生じます。最近、中国人観光客のマナーの悪さや、習慣の違いから生じるトラブルなどが話題になりますが、日本のマナーや習慣などを理解してもらうためにも、受け入れ側が中国語での対応に配慮するという姿勢も必要ではないでしょうか。

外国人を受け入れるキャパシティがオーバーしているせいか、デパートの化粧品売り場に中国人観光客が殺到し、常連の日本人客が利用できないためにトラブルが発生するケースもありました。そのほかにも、人数が多くなったために、懐石料理を楽しむコースがバイキング形式になってしまった例もあり、旅行客からは「せっかく楽しみにしていたのに雰囲気を味わえなかった」という不平も聞かれたりします。

サービスの低下は、深刻な問題です。不便な国という印象を与え、日本のイメージダウ

ンにつながります。中国人ばかりでなく、ほかの外国人も日本に対して不満を持つことになります。今後、インバウンド・ビジネスに関係する方は、それぞれの立場で外国人に気持ちよく帰国してもらうように適切な施策を講ずるべきでしょう。

第1章
いま、日本のインバウンド市場に何が起きているのか

1-2 訪日中国人観光客が増加したことには、これだけの理由がある！

中国版「高度成長」で中産階級が激増

訪日中国人観光客が増加した主な理由としては、次の3点を挙げることができます。

①中国における中産階級の拡大
②中国人に対するビザ発給要件の緩和
③「円安」などの為替効果

まず、「中国における中産階級の拡大」についてですが、中国では経済成長により、かつての日本のように中流クラスの人たちが増えています。

生活に余裕のできた中産階級は、市場経済の中で、意欲的に消費行動を起こします。衣料品や食品はもとより、テレビや洗濯機、冷蔵庫といった家電製品のほか、スマホなどのデジタル機器にも触手を伸ばしています。

中産階級の上位クラスになると、家電製品ばかりでなく自動車も所有。娯楽やレクリエーションなどに対する支出が増え、海外旅行にも関心を示すようになります。このように拡大した中産階級が、競うように海外旅行を楽しむようになったことが、訪日中国人観光客が激増した背景になっているといえます。

そして、初めて海外旅行を計画する中国人が、どこを訪問先にするかといえば、やはり中国から近い地域を視野に入れるのではないでしょうか。さらには、安全で清潔、観光資源が豊富、食事がおいしい、しかもショッピングが満喫できれば申し分ありません。日本は、こうした条件をすべて満たしているわけです。

3泊4日程度で旅行する場合、日本は中国人にとって、ちょうどいいリフレッシュの場所なのです。リピーターになって、週末などに気軽に訪れ、いろいろなところへ行って楽しむ。ついでに日用品まで買って帰るという身近な旅。それが中国人観光客が日本旅行を楽しむ理想の姿ではないでしょうか。

第1章
いま、日本のインバウンド市場に何が起きているのか

日本への海外旅行を手軽にしている要因としては、ＬＣＣ（格安航空会社）の就航が増えていることも見逃せません。数社のＬＣＣが日本国内に乗り入れていますが、いずれも格安と銘打ち、驚くべき低料金でしのぎを削っています。

ＬＣＣとともに、多くの中国人観光客が利用しているのが、大型旅客船による船旅です。飛行機と異なり、大型船は多くの土産物を持ち帰ることができるので、買い物目当ての旅行者には、とりわけ人気が高いようです。

旅行費用の点では、中国国内の物価高が海外旅行を後押ししている面もあります。中国の国内旅行の料金が高くなっているのです。中国では海南島が人気のリゾート地ですが、春節の時期になると北京からの旅行費用が、総額で１人当たり６０００元くらいかかることがあります。高いときにはホテル代だけで２０００元以上にもなります。オフシーズンは、北京発５日間のツアーで２０００元程度ですから、その高騰ぶりがお分かりいただけるでしょう。

飛行機の所要時間も、北京から海南島へは４時間くらいかかります。それならば、海南島へ行くよりも、同じリゾート気分が楽しめる沖縄へ行ったほうがリーズナブル。日本へ旅行したほうが割安なのです。そもそも中産階級が増えたことで、中国の国内旅行者数も

急増。年間で延べ40億人もの人々が国内旅行をしています。この国内旅行組が海外旅行へ目を向け始め、その流れで日本にも旅行者が来ているのです。

効果絶大だったビザ発給要件の緩和

訪日中国人観光客が増加した大きな理由として、次に指摘できるのは「ビザ発給要件の緩和」です。2015年に訪日中国人が爆発的に増加したのは、ビザ発給要件を緩和したことが大きく影響していると考えられます。

中国人に対する個人観光ビザ発給要件については、2010年に大きな規制緩和が実施されています。それまでは年収25万元以上などの要件が課されていたのですが、変更後は、「一定の職業上の地位及び経済力を有する者」を対象に、大手クレジットカード会社発行のゴールドカードを所有している、約6万元以上の年収があるなどの条件のもとビザが発給されるようになりました。

2015年1月19日にも、ビザの発給要件が緩和されています。個人観光客の沖縄・東北三県数次ビザについては、これまでの「十分な経済力を有する者とその家族」のほか、

第1章
いま、日本のインバウンド市場に何が起きているのか

「一定の経済力を有する過去3年以内に日本への短期滞在での渡航歴がある者とその家族」に対しても発給。また「相当の高所得を有する者とその家族」に対しては、1回目の訪日の際における特定の訪問地要件を設けない数次ビザを発給しています。また商用目的の者や文化人・知識人に対する数次ビザについては、これまで求めていた渡航歴要件を廃止し身元保証書等の書類要件を省略しました。

日本政府は、2014年12月時点で、67の国・地域に対してビザを免除しています。アジアでは、韓国、台湾、香港、インドネシア、シンガポール、タイ、マレーシア、ブルネイ、マカオがその対象となっており、短期の観光であれば日本入国にビザは不要です。中国がこれらの国・地域と同じくビザを免除されるようになれば、訪日中国人観光客がさらに増加することは確実です。

もしビザを免除すれば、日本を訪れる中国人観光客は2000万人を超えるのではないでしょうか。そうなれば、日本政府が掲げている2020年に4000万人のインバウンドという目標は簡単に達成されるはずです。

「爆買い」を加熱させた円安や消費税免税

訪日中国人観光客が増加した理由として、「中産階級の拡大」「ビザ発給要件の緩和」を挙げましたが、このほか「為替」による差益も大きなインセンティブとなりました。2012年後半あたりから急速に円安が進行し、2015年後半のピーク時には、1ドル約80円だった為替レートが120円前後へ推移。中国の通貨である「元」の円に対する為替レートも、数年前には1元13円ほどでしたが、2015年後半は19円前後と、相場が円安にシフトしました。

この円安が、海外からの旅行者に大きな恩恵をもたらしたのです。特に、ショッピングを楽しみにしている中国人観光客にとっては、同じ予算でより多くの買い物ができるのですから、大きなメリットになりました。

旅行をする余裕のある中産階級が増え、ビザ要件が緩和されたことで訪日のハードルが低くなり、円安によるメリットもあるのですから、訪日中国人観光客が急増しても不思議ではありません。日本人が海外旅行をするときに、予算を考慮して、物価の安い東南アジアを目的地に選ぶように、中国人にとって日本への旅行はリーズナブルな選択肢になりました。

ショッピングという視点では、免税制度が拡充されたことも中国人観光客に有利に働きました。２０１４年10月１日から、外国人旅行者向け消費税免税制度が改正となり、それまでは免税対象品が家電や衣類、カバンなどに制限されていましたが、食品や飲料、薬品、化粧品などの消耗品も対象となりました。

また、２０１６年５月から免税対象となる最低金額が引き下げられ、１店舗、１日あたりの購入額が５０００円を超えれば免税対象になりました。

訪日中国人観光客にアンケートを行い、旅行の目的を尋ねると、必ず上位にランクされるのが「買い物」です。これまでは、家電製品の「爆買い」が目立っていましたが、最近は、菓子や化粧品、薬品などの消耗品を大量購入する中国人観光客の姿を目にします。これには、免税制度の改正が大きく影響していると推測されます。

ただし、この「爆買い」という現象は、日本の小売業にとって、かなり幸運な側面もありました。いろいろな好条件が重なって発生した社会現象であるともいえるでしょう。たとえば、為替は常に変動しており、いつまでも円安が続くわけではありません。実際、２０１６年に入ってから、為替が円高にシフトしており、これに歩調を合わせるかのように

「爆買い」も減速傾向となっています。

ネットの普及が日本への関心を高める

いま中国では、日本を紹介するサイトやブログが増えています。これらには、日本を訪れた中国人が、自分自身の体験を情報として発信しているものが多く見られます。日本への旅行を検討している人たちは、こうした情報をつぶさに吟味して日本への旅行を決定。帰国後には、自分の経験を加味して日本に関する情報を発信・拡散しています。こうした情報拡散の積み重ねが、日本に対する中国人の関心を高め、観光客の増加に寄与していることも見逃せません。

中国のインターネットに流れている日本の情報はさまざまですが、こと旅行に関しては好意的な書き込みが多いようです。実際に日本へ行ってみて、好印象を抱いたという事例は少なくありません。

中国では、いまでも抗日ドラマが放送されており、放送内容に誇張があると分かっていても、日本人に対してネガティブなイメージが持たれていることも否定できません。

第1章
いま、日本のインバウンド市場に何が起きているのか

ところが、いざ日本に来てみると、日本人は笑顔を絶やさず、みんな親切。タクシーに忘れ物をすればホテルに届けてくれるし、道を尋ねれば案内してくれるという「もてなし」ぶりです。先入観との違いに驚き、いろいろと感激したという書き込みは、中国のネットにあふれています。

中国の代表的なポータルサイト「ソーフー（捜狐）」に記載された記事（2016年4月26日付）では、「親日だろうが反日だろうが実際日本に行ってから、日本に対する評価を下すべきである」と前置きし、ビザ取得が容易になった現在、「日本に行かないとは残念ではないか。少なくとも、おいしいものがいっぱいあるのだから」と日本への旅行を勧めています。

中国当局は情報を管理していますが、ネットに書き込まれる個人の旅行体験や感想などは抑え込んでいません。日中関係はそのときどきの政治的状況によって振幅がありますが、膨大な観光客が双方を行き来して人的な交流が進めば、おのずと両者の理解は進むはずです。

いま、アニメをはじめとした日本のサブカルチャーは、世界で大人気となっていますが、この風潮は中国でも同様です。これにも、インターネットがひと役買っており、中国の若

者は漫画やアニメなど日本のサブカルチャーにアクセスして夢中になっています。この延長として、日本の伝統芸能などへの興味も高まっており、このような文化への関心が訪日観光を後押ししている側面もあります。

また、ネットの中でも情報発信に威力を発揮しているのが「SNS」による「口コミ」です。中国では日本と違って、テレビや新聞など伝統的なマスメディアは政府の強力な管理体制の下に置かれています。中国人もそのことを知っているため、マスメディアから発せられる情報を鵜呑みにはしません。ネットが浸透してからは、中国人は新聞やテレビよりもネットからの情報を信用する傾向にあります。

さらに近年はスマホの普及により中国独自のSNSが急速に発達しました。もちろんSNSにも管理体制が敷かれていますが、SNS上では伝統的なメディアに比べてより自由で活発な情報発信が展開されており、いまやSNSによる口コミ情報が、より重視される傾向にあります。

中国独自のSNSで代表的なものにはウェイボー（中国語名「微博」。「フェイスブック」と「ツイッター」の機能を併せ持つマイクロブログ）とウィーチャット（中国名「微信」。中国版「ライン」）があります。これらのデジタルメディアで活躍するインフルエンサー、オピニオ

第1章
いま、日本のインバウンド市場に何が起きているのか

ンリーダーたちは強い影響力を持っており、彼らの発言いかんで爆発的にモノが売れるというような現象もしばしば起こり、注目を集めています。

このように中国人にとって自分がフォローするインフルエンサーが発信する情報は、もはや伝統的なマスメディアよりも信頼性が高く、個人の情報判断に対して大きな影響力を持っているのです。その意味では訪日中国人観光客の一人ひとりが情報発信源となりえ、周りに与える影響も計り知れないといえるのではないでしょうか。

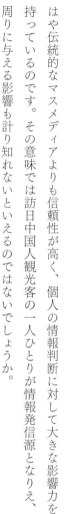

1-3 インバウンド事業取り組みの遅れをチャンスに変える

中国人観光客を地方に誘致することで問題解決へ

前述のとおり、大都市圏では宿泊施設やレジャー施設の収容能力の問題が生じています。こうした事情もあって、日本政府は訪日外国人の地方誘致に力を入れ始めており、地方に宿泊する外国人旅行者の数を、２０２０年には、現在の3倍にするという目標を掲げています。２０１６年度の観光庁予算では、「地方創生のための観光地域づくり」として前年度の約3倍にあたる63・7億円が計上されています。

現在、中国人観光客の訪問先は、いわゆるゴールデンルートに集中しており、地方にはあまり足を運んでいないというのが実情です。地方におけるインバウンド受け入れは、む

第1章
いま、日本のインバウンド市場に何が起きているのか

しろこれから真剣に取り組まなければならない課題ともいえるでしょう。

もちろん、地方への誘致には、いろいろな問題もあります。実際、中国人にとって不満な点が多いのも事実です。それが地方を敬遠する理由にもなっています。たとえば、クレジットカードが使える店舗や外貨両替所の不足。スマホの利用者が多い中国人にとっては、無料公衆無線LAN（無料Wi－Fi）のスポットが少ないという点も不満のひとつで、改善が必要です。

その一方、日本各地には、良質な物産が揃っていますし、伝統工芸などの腕のいい職人もいます。これを重視して、自分たちの技術と優れたものを海外に発信していけば、チャンスは広がるはずです。そのためには、自分たちの持っている魅力や特徴を再認識する必要があります。自分の地域は何が魅力なのか。分からなければ、外国人に意見を求めるなど、第三者の目から見た長所を教えてもらうという姿勢も大事です。

また、地方の観光には、ある種のストーリー性が必要です。中国の若者は小旅行が好きで、若い女性同士で出雲大社を訪れているケースがあります。出雲大社は縁結びで有名。結婚願望のある女性たちには魅力的な観光スポットです。観光資源に合わせて、何かストーリーをつくれば、より多くの人たちを呼ぶことができます。「縁結び」や「アニメ文

化」といったものにテーマを絞って、小さな旅行を提案するのです。グルメだ、温泉だと、何でもあるということをアピールする必要はありません。テーマ旅行をセッティングすれば、より地方の特色を出すことができます。

今後、地方では、まずインバウンド受け入れのため、観光インフラ整備を徹底して行う必要があります。自分たちの一方的な思い込みだけで観光資源を創造するのではなく、たとえば中国人の視点を踏まえたうえで、中国人観光客を受け入れるという発想も重要になってくるのではないでしょうか。

いま、日本にやってくる中国人観光客は、短期日程のパッケージツアーに組み込まれ、銀座や秋葉原などで買い物をすることが典型になっています。特に、日本へ初めてやってくる中国人の団体客はこのパターンが大半。しかし、何度か訪日を重ねれば、各地へ立ち寄ってみようという興味も出てきます。やがて中国人観光客もリピーターが多くなり、団体旅行から個人旅行に移行していきます。このような需要に適切に対応することで、地方におけるインバウンド・ビジネスが本格的に軌道に乗るものと考えられます。

こうして人的な交流が盛んになれば、信頼関係がもっと深まり、ビジネスチャンスは無限に広がるはずです。

中国人インバウンドがもたらす新たな「開国」

インバウンドに対する受け入れ態勢の課題については先に触れましたが、こうした整備が遅れれば遅れるほど、それがインバウンド・ビジネスへ悪影響を及ぼすことも予想されます。今後、地方へのインバウンド拡大を図るうえで、この点は留意する必要があります。

日本人が外国人観光客に対して丁寧に対応するというのは、ほぼ定説になっています。ところが最近、中国人に対する日本人の態度が芳しくないという声も聞かれます。日本人は、礼儀正しくて優しいというイメージが定着しているのですから、残念なことだといわざるを得ません。

こうした現象の背景には、受け入れ側のキャパシティオーバーが影響しているのではないでしょうか。以前と比較して爆買いが落ち着いたとはいえ、銀座や新宿などにはまだまだ中国人観光客が多く、店舗では中国人観光客の対応に追われています。毎日こうした状況が続くと店員のストレスが蓄積されてサービスが低下してしまうのもやむを得ないことでしょう。

団体旅行は、どうしても傍若無人気味になってしまいます。決められた時間内で行動し

ようとすると慌ただしくなるのは、日本人の団体旅行も同様です。

そもそも中国人は、団体旅行よりも、家族や友人同士で一緒に行動するのを好む傾向にあります。ただ、団体旅行のほうがビザを取りやすいという事情もあり、初めて日本へ旅行をする人は、安い団体旅行に流れてしまいます。そうなると、いろいろな面に粗雑な部分が出てきてしまいます。

ハードなスケジュールに振り回されて、買い物なども急かされるうえ、案内される店舗は人でごった返しているとなれば、ツアー客の態度が知らず知らずのうちに荒っぽくなってしまうのは仕方ないところです。かたや日本人の店員にしてみれば、言葉が通じないのでツアー客の行動が理解できず、不満があからさまに態度に出て、ますます雰囲気がまずくなります。団体旅行のストレスで気配りがなくなるというのは、双方に原因があるといえます。

問題を解決するために望まれるのは、たとえば買い物ができる場所がいろいろとあることを情報として多方面に提供するということです。大都市はほぼ飽和状態。このような状況は、変えなければいけません。そうなると、やはり、どのように観光客を地方へ分散させるのかが当面の課題となるでしょう。

日本には、治安の良さや豊かな自然をはじめ、「おもてなし」に象徴される手厚いサービスなど、中国人観光客に満足してもらえる多彩な観光コンテンツが揃っています。しかし、こうした利点がある半面、外国人とのコミュニケーションが不得手とされる日本人の特性が、中国人観光客を日本から遠ざけてしまう恐れがないとはいえません。中国文化や中国人のことなど、異文化への理解を深めることが、いま日本人に求められているのではないでしょうか。

中国人によるインバウンドは、新たな時代の扉が開かれ、後戻りできないというのが現実です。観光ビジネスだけではなく、さまざまな分野に大きな波及効果も出ています。かつての「鎖国」に戻るのか、それとも「新たな開国」に邁進して、さらなる国際化を推進するのか。時代の趨勢を見て、日本人自身が最善の結論を導いていかなければなりません。

POINT

2015年の訪日外国人は約2000万人。このうち25%は中国人観光客が占めており、国別で第1位。

増え続ける訪日観光客を円滑に受け入れるためには、都市から地方へのインバウンド誘致が必須。

15万人が来場。北京「旅行博」から見えてきた訪日旅行

リピーターや週末旅行需要が増加

２０１６年5月20日~22日、北京の全国農業展覧館で国際旅行見本市「２０１６北京国際旅游博覧会（ＢＩＴＥ２０１６）」（主催・北京市旅游発展委員会）が開催されました。この見本市は２００４年から年に一度行われているもので、北京における旅行関連の見本市としては最大規模のものです。13回目となる今年は、81の国と地域から、およそ１０００のブースが出展、初日の業者向け商談会と週末の一般向け公開日を合わせると、延べ15万人以上が会場を訪れました。この数字は昨年とほぼ同様で、中国の消費者が旅行に対して依然高い関心を保っていることが分かります。

テーマごとに複数の展示会場に分かれていましたが、中でも最も賑わっていたのが「国

際館」です。1万平方メートル以上の空間に、中国の各大手旅行会社やタイ、スリランカ、トルコなど中国市場に注目している諸外国のブースがずらり。エキスポ限定のスペシャルオファーを掲げ来場者の興味を引こうと懸命な旅行会社、少しでもお得で魅力的な情報を手に入れようとたくさんの資料を抱えた一般来場者、各ブースのマイクから流れてくる音楽などが入り混じり、会場はまるでお祭りのような賑わいでした。

会場に入ると最初に目立つ場所にブースを構えていたのが衆信旅游（北京衆信国際旅行社）です。何十台ものPC端末を設置し、始終オペレーターが来場者の相談に追われていました。同社は中国の民営旅行会社の中で初めて上場を果たした会社で、大衆向けからハイエンド向けまで国内外の旅行商品を豊富に揃えています。同社広報部の李夢然さんによると、「日本は近年人気の旅行先のひとつで、2014年、2015年は前年比30～40％ペ

Okinawa
Be.

第1章
いま、日本のインバウンド市場に何が起きているのか

ースで成長しています。これは他地域に比べて高い成長率」だといいます。同社の日本行きツアーに参加するのは20～30代がボリュームゾーン。欧米に比べると航空券にかかるコストがリーズナブルなため、働き始めたばかりの新社会人の申し込みも目立つそうです。

「ここ数年の新たな傾向は、初回はツアーで参加しその後フリープランや自由旅行で再び日本を訪れるリピーターの増加、そして週末旅行需要の高まりです。金曜日または月曜日に有給休暇をとり土日と合わせて2～3泊の短期滞在で日本を訪れています。実際、航空券とホテルそしてＷｉ－Ｆｉのルーターをセットにしたフリープラン商品もよく売れています」（同）。こうした傾向から、今年は同社ではスキーツアーやマラソンツアーなど、より個性的なツアーを企画していきたいと話していました。

長期滞在者に向け、付加価値の高い楽しみの提供へ

会場の一角には日本のブースが集結。今年はＪＮＴＯを筆頭に、大手旅行会社や地方自治体、訪日中国人客を積極的に取り込みたいと考える企業など、16の団体が出展しました。ＪＮＴＯのブースでは、日本の風景をバックに浴衣を着て写真を撮る体験に人気が集まり、

女性を中心とした列が伸びていました。またブース脇に設置された舞台で茶道や日本舞踊、コスプレのデモンストレーションが始まると、狭い通路は一気に黒山の人だかりに。出演者と一緒に写真に収まろうとする来場者の姿も目立ち、中国人の日本文化に対する憧れを見ることができました。

　青い海のイメージを前面に押し出し、来場者を惹きつけていたのは沖縄観光コンベンションビューローのブースです。沖縄県は航空路線の拡充やクルーズ船の寄港回数の増加が追い風となり、ここ数年、中国からの観光客数が倍々のペースで増加しています。沖縄県北京事務所の森田さくらさんに中国人観光客の状況を聞くと、ここ数年はリピーター、特に上海、北京からの個人旅行客の伸びが顕著だと言います。「通常の団体ツアーでは4〜5日間で周遊するのが一般的ですが、2〜3人の少人数で9〜10日間ほどかけてゆったりと滞在する旅行客も増えてきました。2014年に国立公園に指定された慶良間諸島や、ダイビングライセンスの種類についての質問など、今年はよりピンポイントで深い質問が寄せられました」。沖縄県では今後も観光客のニーズに合わせた、より付加価値の高い楽しみ方を提供していきたいということです。

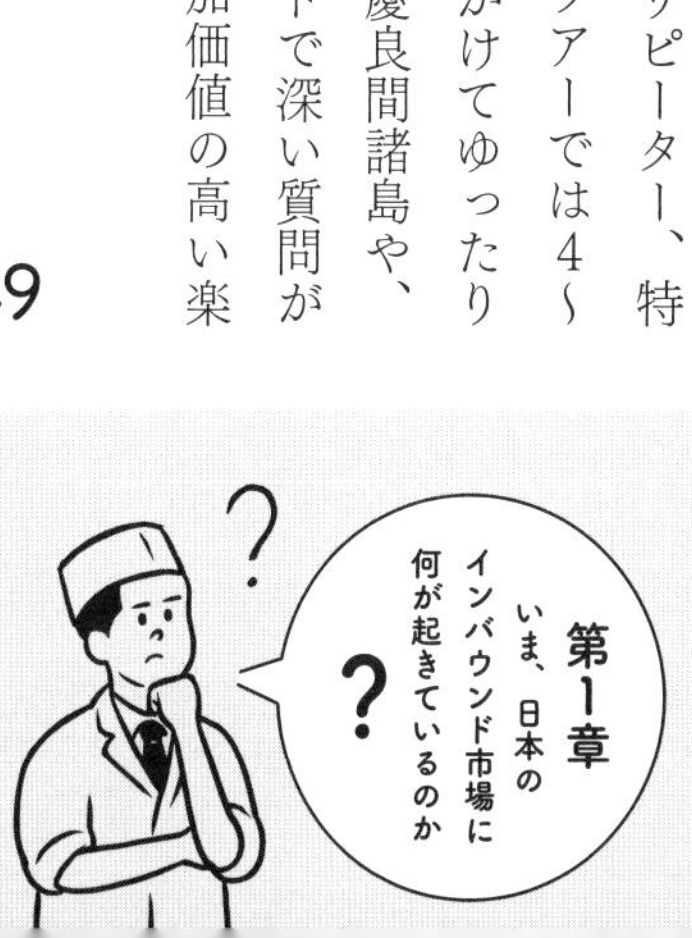
第1章
いま、日本のインバウンド市場に何が起きているのか

個人旅行客の増加を感じているのは、プリンスホテルズ＆リゾーツもしかりです。「ここ数年、特に上海からは予約サイトの『シートリップ（Ctrip）』や『ブッキング・ドット・コム（Booking.com）』を通じてホテルを予約されるお客さまが目立ちます。日本に来てリゾートでゆっくりと贅沢な過ごし方を選ばれるお客さまや、スキーリゾートやゴルフリゾートへの問い合わせが増えています」（プリンスホテル上海駐在員事務所 佐藤隆雄首席代表）。訪日の「ゴールデンルート」を卒業したリピーターは、次は癒やしやリゾートを求めて日本にやって来るようです。

このほか、中国大陸からの訪日旅行客の急激な増加を受け初出展したという企業も複数見られました。どこも中国語のパンフレットを用意して自社のサービスをＰＲしたり、ウィーチャットでＱＲコードを読み込んだ人にプレゼントを進呈したり、あの手この手で知名度アップに奮闘していました。

今回の見本市に先立ち、２０１６年5月19日には中国政府と国連世界観光機関（ＵＮＷ

TO）の共同開催で第一回世界観光発展会議が開幕しました。中国国家旅游局の李金早局長はトップフォーラムの席上で「２０１５年に海外旅行に出かけた中国人は1億人に達したが、向こう5年でその数は6億人を超えるだろう」との見方を示しました。中国人の訪日も今後さらに加速していくことでしょう。

会場で出会った日本旅行経験のある中国人は皆「日本は民度が高く、清潔で、物も失くならない」「日本の製品は本当にいい」などと口を揃えて日本を褒めていました。訪日の目的が都会でのショッピングであれ、地方でのリゾート体験であれ、こうした観光客の日本に対する期待やイメージを裏切らないためには、正確で効果的な情報収集と発信を続け、将来を見越した受け入れ態勢を整えていくことが必要です。そうすることで結果的に日本にとってプラスの循環を回していけるような取り組みを、全力で考えなければならないときが来ています。

第2章
インバウンド事業、成功と失敗の分かれ道はどこに？

2-1

地方へ広がるインバウンド。「モノ消費」から「コト消費」へ

日本各地へ広がりを見せ始めた中国人インバウンド消費。このニーズを取り込むための問題点や成否のポイントについて、中国人の視点から考えます。

「爆買い」から新たなステージへ

観光庁によると、2016年1月~6月の訪日外国人1人当たりの消費額が前年同期を下回りました。どうやら中国人観光客による「爆買い」に減速傾向が見え始めてきたようです。その原因としては、急激に進行した円高や、中国政府による課税強化などが指摘されています。

中国人観光客を日本製品の大量購入に走らせてきた理由は、品質が良くて価格が安いことに尽きます。課税制度の変更などによって価格のメリットがなくなれば、こうした大量購入にブレーキがかかることは自然の成り行きといえるでしょう。

中国人観光客が日本製品を大量購入していることは、日本で話題になっているのですか

ら、中国政府が気づかないわけがありません。どうやら、こうした状況を遠目に眺めながら、海外での消費が加熱することを懸念していたようです。そこで、「爆買い」を抑制して国内消費を刺激するため、２０１６年、海外で購入した商品に課す関税を引き上げました。高級時計の税率を30％から60％に、酒や化粧品などの税率を50％から60％に変更しています。さらには、「銀聯（ぎんれん）カード」の国外での現金引き出し額を年間で10万元までとし、海外での消費に歯止めをかけようとしています。この銀聯カードは、中国人の定番デビットカードとしてよく知られています。

その一方、輸入品の国内販売価格を低下させるため、２０１５年６月には、衣料品や紙おむつなど一部の日用品の関税を平均で約50％引き下げています。訪日観光客が紙おむつを大量購入していることが、中国政府の耳にも届いているのでしょう。

こうした税制変更で影響を受けているのが、いわゆる「越境ＥＣ」です。インターネットを利用して商品を購入する電子商取引（ＥＣ）のうち、海外から商品を購入するものが「越境ＥＣ」と呼ばれています。経済産業省によれば、中国の消費者による日本、米国事業者からの越境ＥＣによる購入額は１・６兆円（２０１５年）。２０１９年までに、約２・９倍の規模になると予測されており、いま注目を集めています。

第2章
インバウンド事業、
成功と失敗の
分かれ道はどこに

中国のＢtoＣのＥＣ市場規模は世界第1位で、日本はもとよりアメリカさえも凌駕しています。ＥＣ運営会社の「アリババ」などが活況を呈していることは、みなさんもよくご存じでしょう。当然、中国でも、越境ＥＣに対する関心は高く、当初、中国政府も奨励する方向を示していました。

中国政府は２０１３年に、ネットを通じた外国製品の輸入を促すために、上海をはじめ複数の都市に関税特区として「保税区」を設けました。通常の輸入品には、関税と消費税と増値税が課税され、その税率は商品ジャンルによって異なりますが、25％程度です。一方、保税区経由で輸入される越境ＥＣの商品は、個人輸入と見なされ、10～50％の行郵税のみが課税されました。しかも、税額が50元以下であれば免税扱いとなったのです。

ところが、２０１６年4月に制度が大幅に見直され、税率が変わり免税枠も撤廃されてしまいました。これによって、保税区の取扱量は大幅に減少しています。制度変更の理由は、一般店舗との価格差を解消するためですが、「爆買い」への課税強化と関連があるかもしれません。

国内消費を活性化させようという中国政府の政策には、日本側としては手の打ちようがありません。日本における中国人観光客の動向については、中国政府も注視しており、ま

た消費が過熱するようであれば、さらに課税方法を見直す可能性があります。ショッピングによるインバウンド消費は、ひとつの山を越えて、新たなステージに入ったと見るべきでしょう。

多様化するインバウンドの観光ニーズ

インバウンドによるショッピングに落ち着きが見られるようになったのは、為替の変動や税制変更だけが原因ではないという意見もあります。訪日リピーターの増加により、消費行動が買い物から観光へシフトしているというのです。

実際、テーマパークなどの体験型観光は好調に推移しており、たとえば東京ディズニーリゾートを訪れた外国人観光客は181万人（2015年度）で、前年度比15％増となっています。いわばインバウンド消費は、商品購入などに比重を置いた「モノ消費」から、体験を楽しむ「コト消費」へ拡散し始めているといえるでしょう。

初めて日本を訪れる中国人観光客の大半は、「ゴールデンルート」をめぐるツアーに集中しています。しかし、2回目以降になると、福岡、北海道、沖縄などに分散するように

第2章
インバウンド事業、
成功と失敗の
分かれ道はどこに

なります。経験者はゴールデンルートを回避する傾向があり、鎌倉や軽井沢、北海道の花畑などを楽しんでいます。

若い世代は、「秋葉原でアニメ文化を満喫したい」「オタク文化に触れてみたい」「大阪でたこ焼きを食べてみたい」「京都でお寺めぐりをしたい」など、かなり具体的な目的を挙げています。事前にSNSで「桜の季節にはどこへ行ったらいいか」などと、友人から情報収集することにも余念がありません。

1回目で日本が好きになった人は、2回目や3回目はもっとディープな日本を楽しもうとしています。ふだん中国人観光客が行かないところ、たとえば四国のお遍路の

中国人の地方訪問

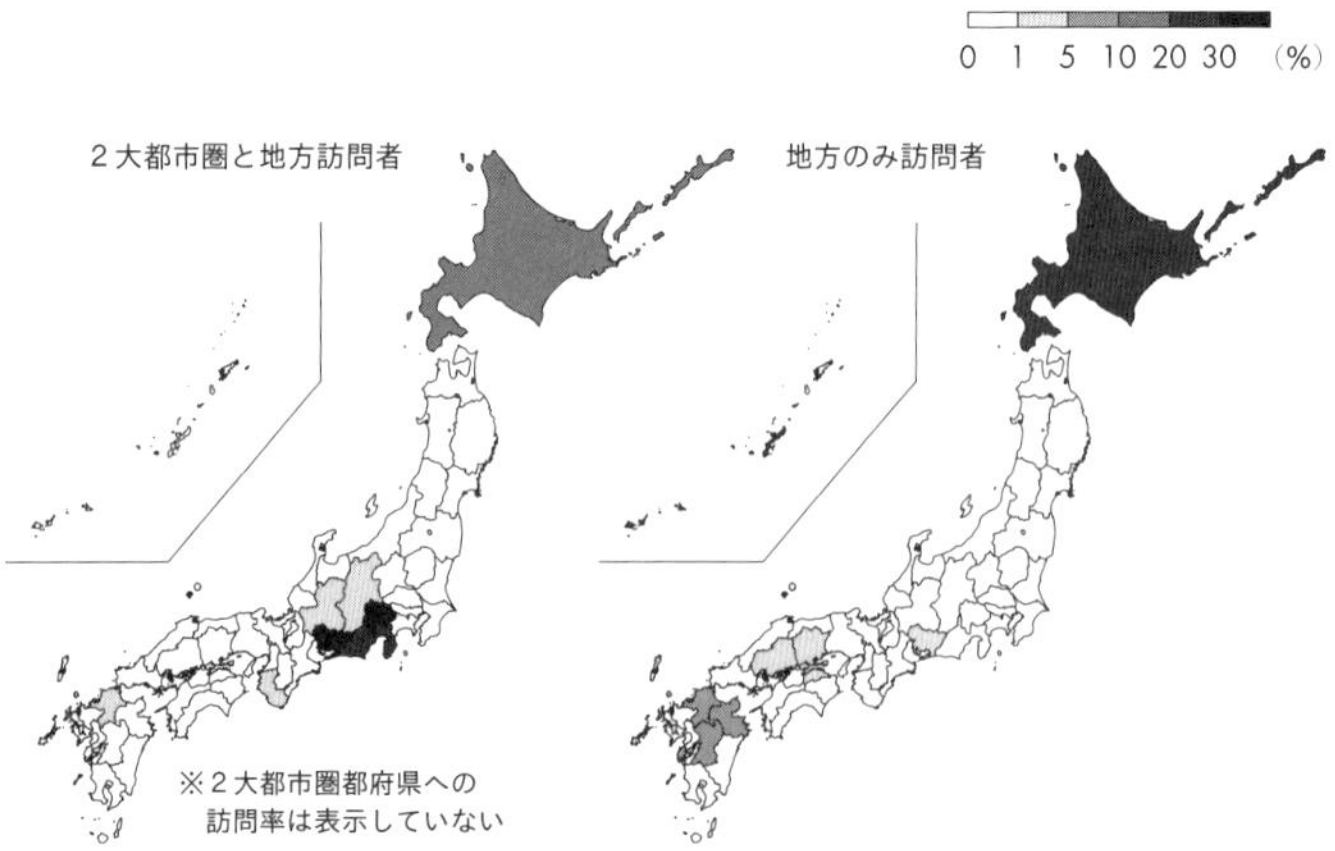

出典：観光庁「平成26年訪日外国人観光客の地方訪問状況」

旅を選ぶ猛者もいます。日本独特の「精神修養」に対する欲求の高さがうかがえます。

ＪＴＢが２０１６年１月に実施した「１年以内に日本への観光旅行を希望する中国人に関する調査」によれば、７割が、旅行の目的として「リフレッシュ」を挙げていますから、中国人インバウンドにおいて、「リフレッシュ」や「癒やし」はひとつの重要なキーワードといえるでしょう。

京都や鎌倉の禅寺での座禅体験は、癒やしを求める中国人に人気があります。世界遺産「紀伊山地の霊場と参詣道」に登録された熊野古道は、癒やしの効果だけでなく「パワースポット」としても注目されており、中国人の来訪者が少なくありません。

訪日客（全国籍）の活動実施率　地方のみ訪問者は景勝地観光や温泉へ

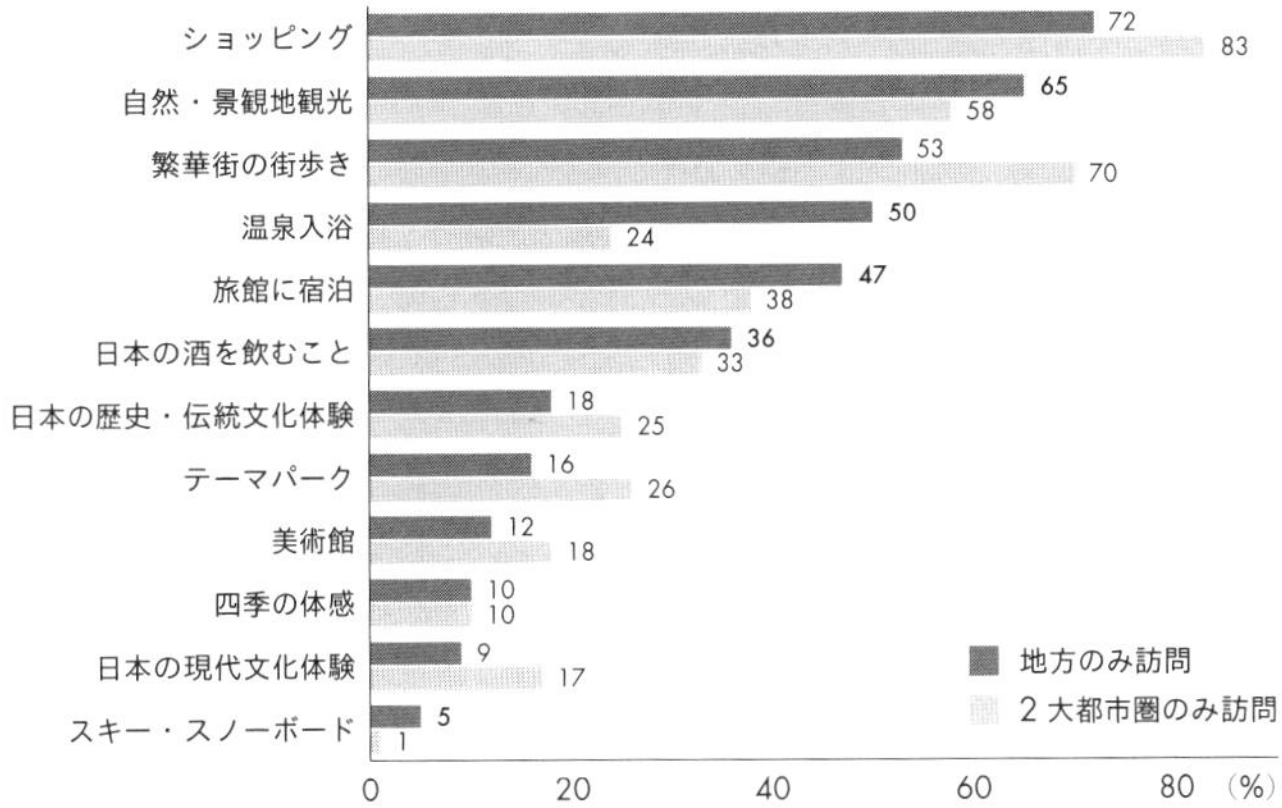

出典：観光庁「平成26年訪日外国人観光客の地方訪問状況」

歴史文化体験も中国人観光客に好まれています。たとえば、飛驒高山。歴史のある合掌造りの民宿に宿泊し、四季折々の美しい日本の原風景を楽しみつつ、地元の人との触れ合いや田舎の生活を体験する旅は、幅広い層の興味を集めています。

　このほか、若い世代は、スキーやマリンスポーツなどのアクティブ体験にも関心を示しています。特にスキーについては、北海道ニセコ町や長野県白馬村などへ、中国人観光客の団体が大挙して訪れています。アフタースキーで温泉を楽しむことができる点なども付加価値となっているようです。

中国人が旅行先を決める際に重視すること（複数回答）

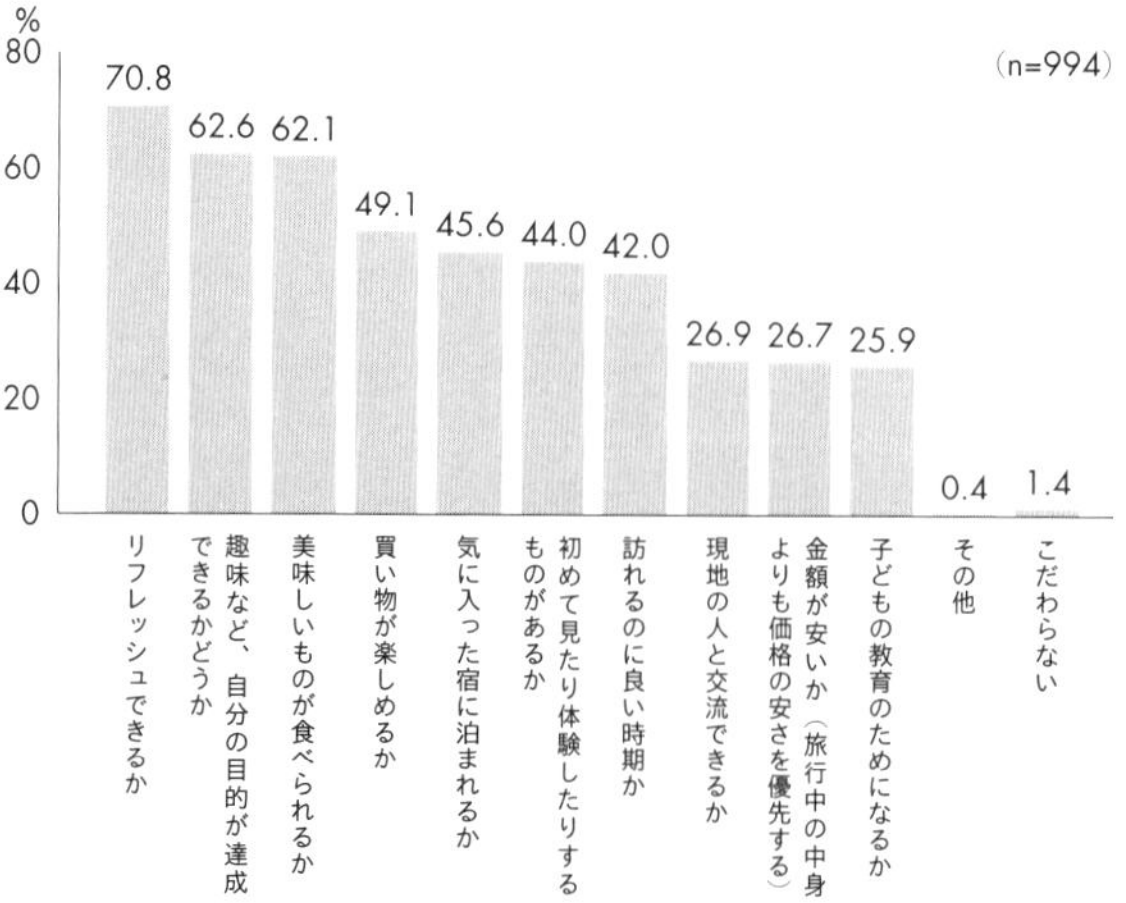

出典：JTB「1年以内に日本への観光旅行を希望する中国人に関する調査」2016年

「コト消費」のインバウンドは地方に向かう

インバウンド消費がショッピングから観光に移行していくと、癒やしや文化体験など、多様な観光ニーズが発生してきます。こうしたニーズは、東京や京都、大阪などの大都市だけで取り込めるものではありません。むしろ、それらの特性を考えれば、豊富な観光コンテンツを抱えている地方都市へ視線が向けられるのは当然ともいえます。

しかし、地方は、このようなニーズを取り込むために、周到な準備をして、態勢を整えているといえるでしょうか。残念ながら、まだ大半のところは、不十分な状態であるといわざるを得ません。さまざまな問題や課題があって、これらへの対応を模索しているケースもあることでしょう。

せっかくチャンスがあっても、努力や工夫を怠れば、それを活かすことはできません。そこで、地方がインバウンドを取り込もうとするとき、その成否を握るポイントは何なのかを探ってみることにしましょう。

地方でインバウンド事業を行う場合、自治体や観光協会、事業者団体などが一致団結して目的に向かっていくという姿勢は欠かせません。

韓国は、ドラマや映画、ファッションなどのソフトを中国に積極的に輸出しているのですが、韓国ドラマに出てくるロケ地を訪ねる中国人観光客が少なくないそうです。この輸出作戦は、いろいろな組織が一体となって国をあげて戦略を立てているといわれます。関係者が一丸となってトータルな戦略を立てるという点では、日本も韓国に学ぶところが大いにあるでしょう。

組織が一体となって目標に向かって行くためには、リーダーの存在も重要な意味を持っています。誰が目標を決めて牽引しているのか。そのリーダーの顔が見えないことがあります。リーダー不在だからなかなか決断できず、グループでやっていても、内側がバラバラになってしまうわけです。誰かが率先して音頭を取り、リーダーシップを発揮しなければ、有効なコミュニケーション活動すら期待できなくなります。

韓国のように戦略的なプロモーションを行う場合、たとえばテレビ番組をつくるときなども、意識の高いリーダーが全体を統率する必要があります。国や自治体も一体となって、食べ物や文化などの情報を積極的に発信していけば、日本も韓国に負けないプロモーションができるはずです。

たとえば一昨年、中国では『舌尖上的中国』というグルメ番組が人気を集めていました。

中国各地のおいしい料理を紹介する番組なのですが、こうした番組の日本のグルメ版をつくることができれば、話題になる可能性があります。『舌尖上的日本』などというタイトルにしたらいかがでしょうか。『世界の車窓から』のような番組も効果的です。この日本国内のシリーズを中国語でつくって中国で放映するのです。それぞれの地元の風景や人情に触れながら、いろいろなところを旅するのです。日本には、個性的な列車や電車が数多くあるので、中国でも人気になること請け合いです。

自分自身を再発見することのむずかしさ

地方のみなさんと接していると、しばしば疑問に感じることがあります。それは「自分たちの良さに気づいていない」ということです。たとえば、ある温泉施設。大勢の客を呼び込むために、宣伝をすることになったのですが、結局、セールスポイントは「温泉があって料理もおいしい」という点に落ち着いてしまいました。これでは、差異化ができません。日本全国どこの温泉も、同じことをいうように決まっています。もっと別な視点が求められるのです。

第2章
インバウンド事業、
成功と失敗の
分かれ道はどこに

数年前に佐賀県有田町を訪れたときのことです。県の観光担当者に同県の魅力を尋ねたところ、「佐賀県には有田焼以外は何もない」という答えが返ってきました。実は、よく調べてみますと、佐賀県はタイからの観光客が急増しているのです。タイの映画監督が佐賀県で撮影した、映画『タイムライン』を見たタイの人には、佐賀県は憧れの地になっています。

観光庁の「宿泊旅行統計調査」によれば、佐賀県を訪れたタイ人観光客は、２０１３年が３７０人、14年が１５４０人、そして15年は４５９０人へと増加しています。タイでの映画公開が14年ですから、佐賀県へのタイ人観光客誘致にこの映画が影響を及ぼしていることは間違いありません。むしろ、タイの人たちのほうが、外国人という客観的な立場で佐賀県の魅力に気づいているのです。

有田焼で知られている有田町では、数百年続いている伝統的な焼き方などを紹介したり、工房で体験ができたりしますが、これだけでも十分に観光資源として活用できます。伝統的な手法を守っており、薪なども昔からの木材を使用しているのですが、中国人には、そうしたことが新鮮で、興味深く映るのです。焼き物を売ることも大切ですが、別の観光資源へ目を向けることにも留意すべきでしょう。

奈良県の方と話した際も、地元の魅力に気づいていないという印象を受けたことがあります。同県では、観光資源の多い京都や大阪に隣接しているため、宿泊客が少ないという悩みがあります。一生懸命に、グルメや温泉をアピールしても、「それならば京都のほうがより魅力的だ」となってしまうのです。やはり、視点を変える必要があります。たとえば、「古墳・遺跡」「日本の政治が始まった古都」などをキーワードにしたらどうでしょうか。由緒ある旅館に連泊して、何もしないでぼんやり過ごすというのも悪くありません。奈良のまちを散策するだけでもいい。奈良と中国の関係に思いをはせるのもいいでしょう。中国人には、それだけで十分に魅力的です。

しかしながら、自分で自分のことを再発見するというのは、結構むずかしいことです。自分たちの内輪で議論をして、セールスポイントは温泉やグルメだと狙いを定めても、それに中国人が魅力を感じなければ意味がありません。そんなときには、第三者の目線で判断することを検討してみてはいかがでしょうか。ネイティブの中国人が見ることによって、再発見できるものが必ずあるはずです。

もちろん、誘致したいターゲットによって、相談する相手は選ばなければなりません。もし、アメリカ人をターゲットにするのなら、アメリカ人のネイティブの着眼点を活かす

べきでしょう。東南アジアなら東南アジア、ヨーロッパならヨーロッパのネイティブの人に意見を求めるべきです。それぞれの国柄によって、おもしろいと感じるポイントが異なるからです。

たとえば、日本の寺社を見たときに、欧米人はその古さに感動するかもしれませんが、中国人はそれほど驚きません。中国にはもっと古い文化遺産があるからです。むしろ中国人が感銘を受けるのは、インドや中国から渡来してきた仏教遺産をここまで守って、美しくレベルアップしている日本人の精神性や独自性の高いカルチャーなのです。

このように、自分の魅力やセールスポイントを見直すにしても、さまざまな視点があるわけで、自分たちだけで再発見することが、いかに大変であるかがお分かりいただけるはずです。ネイティブの手を借りれば、少なくとも時間と手間を省くことができるのではないでしょうか。

ただし、ネイティブに意見を求める前に、考えなければならないことがあります。いま日本の各地方は、「インバウンドがブームだから乗り遅れてはいけない」という雰囲気に満ちています。しかし、ブームに便乗しようという気持ちばかりが先行して、なかなか具体的な行動に移せない企業やホテル・旅館の話を耳にします。やはり、どこかにまだ躊躇

する気持ちがあるのでしょう。

　インバウンド誘致に取り組むにあたり、地域全体で意思がしっかりと固まっていなければ、成功はおぼつかないといえます。大勢の人が集まれば、多様な意見があるのは当然です。地方の中小事業者の中には、海外を視野に入れていないところがあるのも事実です。

　消極的な人もいるのは当然なので、地域活性化のためにインバウンド誘致に取り組もうとする場合、インバウンドに対する姿勢を地域全体として根本から問い直す必要があります。意見を出し合い、大いに議論すればいいのです。それによって、地域の新しい魅力が再発見できる可能性もありま

地域における「コト消費」の例

伝統 ・陶磁器の工房見学 ・寺社仏閣めぐり	**生活体験** ・農林漁業の体験 ・お祭り ・魚釣り
絶景・四季・自然 ・桜、あじさい、紅葉 ・蛍鑑賞 ・スキー、サイクリング	**精神的な癒やし** ・パワースポット ・座禅体験
現代カルチャー ・アニメ聖地めぐり ・豪華鉄道の旅 ・コンサート	**健康** ・健康診断 ・湯治
食 ・日本食、日本酒 ・特産物	**買い物** ・日本限定品 ・職人の技巧が光る品

写真提供：王惟尊

す。

彼を知り、己を知れば、百戦して殆《あや》うからず

インバウンド誘致に取り組む場合、先入観にとらわれないようにすることも大切です。日本人なら誰でも、北海道といえば寒いと思います。ところが、中国の東北部出身の人にとって北海道は決して寒くないのです。

こんなエピソードがあります。中国の大手新聞社の女性記者を連れて、北海道へ行ったときのことです。彼女は北京出身だったのですが、北京も冬はマイナス10度くらいになります。彼女が中国に帰って書いた記事のタイトルは、『北海道は暖かい』というものでした。この記事は、いろいろなメディアに転載されて大きな反響がありました。

日本人の一般的な感覚では、「北海道は寒い」ということになりますが、大半の中国人は、「どこがそんなに寒いのだ」と首をひねってしまうわけです。

日本人は「日本は小さい」といいますが、考え方次第では、「大きい」と表現することもできます。イタリア人は、自国を小さいとはいいません。イギリスも同様です。しかし、

面積で比較すれば、日本は両国よりも大きいのです。それなのに、日本人は自国が小さいといいます。

日本人にとって当たり前のことであっても、視点を変えれば当たり前ではなくなることがあるのです。まず、先入観を捨てることが重要です。自分の固定された枠から飛び出すきっかけを得るためにも、ネイティブの人から助言をもらうことは意義があるでしょう。

中国の兵法書『孫子』に「知彼知己、百戦不殆」という一節があります。日本では「彼を知り、己を知れば、百戦して殆うからず」という文言で広く知られています。インバウンド事業の成否も、ポイントはそれに尽きるといえます。

相手を知ることはもとより、自分のことをほんとうに知っているのか、もう一度問いかけてみてください。自分を知ることには、いろいろなことが含まれます。自分たちはほんとうに外国人観光客を歓迎しているのか。建前と本音を使い分けているのなら、本音で語り合うことが大切です。外国人観光客が苦手ならば、正直に苦手というべきです。心から歓迎しているか否かは、相手には分かります。本音ではない建前だけの歓迎では、相手をがっかりさせるだけです。

本音で歓迎しようと思っているのであれば、何をどのようにアピールするか、どのよう

にアプローチすれば相手が喜んでくれるか、こうした視点で物事が考えられるはずです。どのように相手の気持ちに思いを致し、そして自分の気持ちを相手に伝えるか、これはまさに「異文化コミュニケーション」そのものです。相手を知ることで、自分を見る目も変わってきます。そこに異文化コミュニケーションの真髄があります。

2-2 インバウンドを地方へ誘致するためのヒント

きめ細かい情報発信の必要性

ホテルやバスの不足、Ｗｉ－Ｆｉの不備などは前章で触れたとおりですが、インフラ整備の遅れは大きな課題で、たとえば、ＶＩＰクラスの中国人観光客がいくらお金を出してもハイヤーの手配がつかないというケースがあったことを耳にしました。

ともかく、東京は外国人観光客が多すぎるのです。銀座や新宿、秋葉原に限らず、花見のシーズンともなれば、上野や隅田公園、目黒川周辺は、外国人観光客でごった返しています。

なぜ中国人が大挙して東京に集まるのかといえば、ひとつには情報があまりにも偏り過

ぎているからなのです。「東京の花見はすばらしい」という情報があると、その時期は東京に観光客が集中することになります。東京には、ほかにも見どころがあり、シーズンそれぞれに魅力を感じることができます。情報をきちんと整理して伝えていけば、シーズンに関係なく年間を通して、観光客が東京を訪れることになるはずです。

もっとも、最近は東京都内各地への訪日観光が注目されるようになり、いま、いろいろな情報が中国に伝わりつつあるようです。東京といえば銀座だけではなく、代官山や表参道、下北沢、吉祥寺もあるということを、中国の多くの若者は知っています。これには、約67万人（２０１５年12月法務省資料）ともいわれる在日中国人の発信力が大きく影響しているとされます。

日本人の場合も、外国を旅行しようというときには、現地の在留邦人が発信する情報には耳を傾けるはずです。気持ちの問題だといってしまえばそれまでですが、同胞が発する言葉であるというだけで信憑性がかなり高まるのです。しかも、在日中国人は日本が大好きで、日本の詳細な情報を知っています。「日本のセレブが愛用している店」などというディープな情報の発信は、まさに在日中国人の独壇場でしょう。日本に関する情報発信の担い手として、在日中国人の存在には留意すべきです。もちろん、来日した中国人が帰国

してＳＮＳで情報を流すことも無視できません。

とはいえ、情報発信の絶対量は、やはり東京をはじめ大都市に関することが圧倒的に多いというのが現実です。大半の中国人は、日本の地方に関する情報に接する機会をあまり得られていないのではないでしょうか。

ただ、ある意味では、東京に注目が集まるのは仕方ないといえます。なにしろ東京は、世界有数の大都市であり、最新情報の発信地でもあるのです。その先進性は、誰もが気になるところです。しかし、世界の大都市はどこも似てきており、魅力が薄れているといわれます。そこで、都市の魅力の再構築が叫ばれており、東京でも２０２０年の東京オリンピック・パラリンピックに向けて再開発が行われています。古くからの伝統的な日本の街と、現代建築のデザインをミックスして大都市の魅力をさらにレベルアップしていこうとしています。

一方、地方はどうでしょうか。これまでは国内観光客で潤っていたかもしれませんが旅館は減少していますし、若者が地元を離れ高齢化が急速に進展しています。そんな地方を救うべく、日本政府が「地方創生」を旗印に、大都市に集中しているインバウンド需要を地方へ誘導しようとしています。地方は国の施策に呼応して、自分を売り出すために、積

極的に情報発信していくべきでしょう。

うまく情報発信を行えば、ポジティブなイメージを促進することも可能です。たとえば、東北の復興に関し、東北在住の中国人の生活を取材して情報発信することにより、中国人に安心安全をアピールするという試みがありました。ふだんの生活を取り戻して、笑顔になっていることを語るほうが、政府の公的な発表やニュースなどよりも、事実が率直に伝わったようです。

熊本地震によって、熊本周辺の観光は大打撃を受けていますが、リスクマネジメントを上手に行えば、ビジネスチャンスを見出すことは可能です。なにしろ、「くまモン」は中国で大人気。熊本は中国でも、それなりに知名度があります。メディアに左右されずに、適切に情報発信すれば、これまで以上にインバウンドを呼び込むことができるでしょう。

地域内の連携でインバウンドに対処

地方がインバウンドを誘致するためには、いろいろな工夫が必要です。ただし、必ずしも斬新なアイデアや特異性が求められているわけではありません。もっと、ベーシックな

ところを考えるという視点にも留意すべきでしょう。

たとえば、旅館のサービス。日本の旅館では、多くの場合、夕食が宿泊とセットになっています。これは日本の慣習であって、日本人には別に違和感がないでしょう。ところが外国人の場合、特に連泊する人にとって、同じ旅館で同じような食事をするのではおもしろくないのです。外の居酒屋で一杯やってみたいとか、屋台でラーメンを食べてみたいと思うのは当然のことでしょう。それが、外国人にとっては魅力的なことなのです。

ホテルや旅館は食事の提供をオプションとし、その分の料金を下げるという方法もあります。チケット制にして、地域の飲食店などで優先的にお金を使ってもらうという仕組みも考えられます。地域全体でバラエティに富んだサービスを提供できるように工夫をすれば、外国人はもっと滞在してくれるのではないでしょうか。

インバウンド誘致のための工夫という意味では、次の事例が示唆に富んでいます。

１９９８年冬季オリンピック・パラリンピックの会場となった長野県白馬村は、その後、スキー観光の低迷に苦しんでいました。ところが、２００７年あたりから、廃業したペンションなどをオーストラリア人が買い取り、新規に開業するようになると状況が一変したのです。彼らが、オーストラリアからスキー客を呼び寄せたことで、白馬は一気に活況を

呈するようになり、現在は国際スキーリゾートへと変貌を遂げています。

外国人スキー客のあいだには、アフタースキーで夜も遊びたいというニーズがあります。そこで、パブなども新設されて繁盛しているようです。いまは白馬村が夜も賑わうようになっていますが、かつて日本人のスキー客ばかりの時代には、こんな光景は見られなかったそうです。

国際スキーリゾートという新たな視点で、環境整備に工夫を施したことが、チャンスを呼び込んだということでしょう。オーストラリアから迎え入れたスキー客のニーズに応えることで、白馬村は以前とは少し違った形で賑わいを取り戻しています。これは、インバウンドを受け入れることが、地方を元気にした好例です。そして、外国人観光客で賑わうようになれば、日本人観光客を再び誘致する可能性も出てくるはずです。

多角的な視点で地元の魅力を探る

インバウンドを取り込むためには、外国人が魅力に感じるコンテンツが必要です。これまで実績のある観光地であれば、既成の観光資源に工夫を凝らすなど、足元を見直すこと

でインバウンドの誘致を図ることもできます。しかし、これまで観光地として認知されてこなかった地域は、誘客のために、地元の魅力を探さなければなりません。

人気ドラマのロケ地になったとか、地元の文化財が世界遺産に登録されたなどということがあれば、それをアピールすることで集客することも可能ですが、そのような幸運に出会うことはまれです。資金的に余裕があるのならば、博物館や美術館、アミューズメント施設などをつくって観光客を呼び込むという手もありますが、これも地方にとっては負担が大きく、現実的な対応とはいえません。ここは、やはり知恵を絞る必要があります。

実際、奇抜なアイデアが反響を呼んでいる事例もあります。たとえば、「田んぼアート」。田んぼをキャンバスに見立てて、色の異なる稲を植え、紫、黄、緑、赤など色とりどりの葉や穂によって絵や字を描くというもので、各地に広がっています。

秋田内陸線沿線では田んぼアートを車窓から見ることを前提として図案を設計し、遠近を考慮して稲が植えられます。5月下旬から6月上旬にかけて田植えをし、見ごろは7月から9月上旬。観光客が訪れたくなる景観をつくり、秋田内陸線の集客力アップにつなげようという目的で、秋田県 北秋田地域振興局と仙北地域振興局がそれぞれの管内で2012年から実施しています。

こうした「田んぼアート」は、中国の若者の間でも、SNSを介して話題になっており、一部の中国の旅行会社では「田んぼアート」を組み込んだツアーが販売されています。とはいえ、「田んぼアート」のようなコンテンツを新たにつくり出すというのは、それほど簡単なことではありません。その場合には、もっと別な形で知恵を絞ることが求められます。たとえば、前述したように、外国人をはじめとした第三者から助言をもらうという方法などを考えてもいいかもしれません。

第三者の視点によって、新たな訴求ポイントが発見されるというケースは少なくありません。千葉県富津市の「マザー牧場」には、最近、中国人の親子連れが訪れるようになっているのですが、彼らの多くは牧場名の由来に惹かれているといわれます。牧場の創業者は貧しい農家に生まれ、彼の母親が「家に牛が1頭でもいたら暮らしはずっと楽なのに」と口癖のように言っていたのが心に残り、母に捧げる牧場という意味で「マザー」と名付けたとされています。この感動的なストーリーに、中国人ファミリーが共感しているわけです。

魅力を発見しようとするとき、ただ漠然と考えていても、なかなか気の利いたアイデアが出てくるものではありません。こうした場合、PRの専門家は、「日本最大」「日本最

高」「日本初」などの視点で、その土地の事物・事象をフィルターにかけたり、話題になっている人物や場所はないか、季節で特筆されることはないか、といった切り口から、最適な文脈を創造していきます。

ちなみに、中国人はランキング好きなので、何かのランクのトップであれば、興味を示してくれることがあるかもしれません。こうしたランキングづくりには、遊び心があってもいいでしょう。たとえば、「日本一低い山」とか「日本一暑い町」などという具体的なファクトを用いてPRするという手もあります。

個々のコンテンツにそれほど集客力がない場合、それらをひとつのストーリーで関連させ、魅力をつくり出すという方法もあります。その典型例が、四国八十八ヶ所をめぐるお遍路です。四国にある空海（弘法大師）ゆかりの寺院（霊場）を巡礼する旅なのですが、すべての霊場を回り切ると「結願」となり、願いが叶うとされています。最近では、中国人観光客からも注目される観光コースとなっています。

しかし、古来の遍路は、死装束で霊場をめぐる宗教的な修行であって、巡礼の途中で落命することさえも覚悟した旅でした。それが「精神修養の旅」として、観光の視点でとらえられるようになったのは最近のことです。おそらく「空海の足跡をたどる遍歴の旅」と

いうストーリーが、観光客の心をつかんでいるのでしょう。

日本には魅力的なテーマ旅行がまだまだある

地域の魅力を前面に押し出すのではなく、あるテーマに基づいた旅行を企画して提案するという方向もあります。たとえば、日本国内では、旅行に関する本や雑誌がいろいろと出版されていますが、若い女性向けに女性だけのグループ旅行を提案しているものがあります。情報が整理され内容がしっかりしているので、読者はすごく魅力を感じるはずです。この本を中国の若い女性たちに紹介したところ、誰もが「ぜひ行きたい」と歓声を上げていたほどです。

日本人であろうが中国人であろうが、女性という切り口であれば、普遍的な趣味や嗜好、心理といった点で共通項があるのです。女性をターゲットにする場合、中国人と日本人を区別する必要はないでしょう。30代、40代の女性といえば、仕事や家庭のストレスから解放されたいと考えています。女性だけの旅行をしてみたいと思っている人も少なくありません。この傾向は、どこの国でも同じです。こうした女性向けの旅行案内は、うまくポイ

ントを突いているので参考になります。

このほか、祭りや花火大会などをテーマにした旅行であるとか、期間限定・地域限定の企画などをまとめた旅行案内が出ています。間違いなく外国人も、こういうものに興味を示すはずです。このような本の中国版をつくれば、きっと評判になることでしょう。女性向けの旅行であれば、浴衣のプレゼントキャンペーンなどを同時に実施するというのも効果的です。デザートのおいしいスイーツが食べ放題というのもいいでしょう。

エコツーリズムも多くの人にアピールできるテーマで、世界的なムーブメントになっています。環境省によれば、エコツーリズムとは「自然環境や歴史文化などを観光客に伝えることにより、その価値や大切さが理解され、環境保全につながっていくことを目指していく仕組み」とされています。観光客に地域の資源を伝えることによって、地域の住民も自分たちの資源の価値を再認識し、地域の観光のオリジナリティが高まり、地域社会そのものが活性化されていくと考えられています。日本には豊かな自然があるので、このエコツーリズムと連携しつつ、山登りやトレッキング、川遊び、蛍鑑賞などを通じて、いろいろな楽しみ方を提案できます。

また最近、中国人が関心を示しているのが、鉄道をテーマとした旅です。これは体験型

観光の典型であるともいえます。日本国内には多彩な列車が走っているので、いろいろな旅を提案することが可能です。たとえば、九州旅客鉄道（JR九州）が運行するクルーズトレイン「ななつ星in九州」。九州各地をめぐり、自然・食・温泉・歴史などを楽しむことを目的とした観光寝台列車で、富裕層向けに豪華な旅を提供してくれます。風景と列車そのものを楽しみたいのであれば、各地のローカル線で運行されているトロッコ列車（展望車）があります。黒部峡谷トロッコ電車（黒部峡谷鉄道）や富良野・美瑛ノロッコ号（JR北海道）などは、国内の観光客からも人気を集めています。

ただし、こうしたテーマの選び方には注意が必要です。たとえば、「滝めぐり」の旅行を提案したとします。しかし、中国人にしてみれば、「中国にはもっとすごい滝がある」と感じてしまうかもしれません。中国には世界遺産に登録されている九寨溝の大瀑布や黄龍風景区の滝があります。さらに、世界へ目を向ければ、ナイアガラの大瀑布もあります。それらに比べたら、日本の滝はスケールが小さすぎます。旅行のテーマを考えるとき、自然のスケール感をアピールする場合は、注意が必要になるでしょう。そういうところは、日本人と外国人の視点の違いが関係してくるからです。

中国の旅行会社に企画旅行を提案

海外からの観光客には、四国や九州などという地域を広く観光したいというニーズがあります。せっかく外国を旅行しているのですから、ひとつの県を訪れるだけではもったいないと思うのは当然です。それぞれの県や町が個別に自分たちの地域へ外国人を呼び込もうという戦略だけではなく、もう少し広い地域でまとまって誘致活動をしたほうが、より実効性が高まります。それを考えれば、複数の自治体で協力し合って、ＰＲやプロモーション戦略を練ることは非常に重要なポイントだといえます。

地域ごとにキーワードを決めるのもいいでしょう。たとえば、九州だったら「健康」などが考えられます。そのキーワードに「黒酢」などの観光資源を関連させて、ひとつの旅を楽しむようにするのです。５泊６日だったら、九州の何県かを回ることができます。

しかし、残念ながら、いまの中国の旅行会社は、依然として一度に多数の有名観光スポットを回るツアーを多く企画しています。バスで４００キロも走って、箱根の次は大阪などという、弾丸ツアーを組んでいるところもあります。日本側が中国の旅行会社をリードして、地域を楽しむコンパクトなツアーが企画されるように、彼らの考えを改めさせるべ

きかもしれません。

実際、中国の旅行会社に直接アプローチしたいと考えている自治体もあるようです。また、観光庁などでは、中国の旅行会社を招いて「おすすめルート」を紹介するというキャンペーンを行っています。

ただ、中国の旅行会社としても、多数の人に平均的な観光を提供しようとすれば、どうしても画一的なルートを選択することになってしまいます。たとえ地域を選ぼうとしても、情報が少ないため、結局、個別の県へ誘致することになります。中国の旅行会社も、旅行の魅力をアピールすることについては、悩ましいところがあるのです。

この点について、中国のある旅行会社に尋ねたところ、彼らも日本の情報に飢えているとのことでした。ただし、情報といっても、一般的な観光コンテンツの紹介だけでは不十分です。宿泊施設の状況、中国語への対応、交通アクセスなどを分かりやすく整理して、すぐにでも商品化したいと思わせる情報提供を行う必要があります。

ある意味では、商品企画という形で提供しないと中国の旅行会社は乗ってくれないと考えたほうがいいでしょう。それというのも、たとえば影響力のあるインフルエンサーを日本に招待して実際に旅行体験させたとして、彼らが情報発信するときには、旅行商品がす

でにできていることが理想だからです。中国人は決断が早く、よく吟味してから決めるという人は多くありません。情報発信したときには、すぐに購入できる状態にしておく必要があるのです。ＰＲの方法も含め、商品として実現可能な提案であれば、中国の旅行会社も積極的に受け入れてくれるはずです。

　このほかには、パンフレットづくりなどにも配慮が求められます。日本では「みどりの窓口」などに観光案内のパンフレットが置いてありますが、中国にはこういうシステムはありません。日本のテーマ旅行などの企画は、中国と比べて緻密でバリエーションが多いことが特徴です。そういうパンフレットの中国語版をつくって、情報を伝えるという方法もあるのではないでしょうか。

タクシーの手配案内などで外国人観光客の利便を図る

　観光客の利便を図るという点については、自治体だけでは対応できない面もありますので、公的機関や企業による、積極的な取り組みが求められるところです。たとえば、シンガポールには、外国人向けにタクシーを手配できる案内システムがあります。電話やネッ

トを利用して、簡単に予約ができます。一方、日本では、外国人がタクシーを利用する場合、まず予約の仕方が分からないので困ってしまうケースがあると聞いたことがあります。中国人のあいだでは、「自由旅行」の人気が高まってきていますが、この旅行の場合、ホテルとフライトだけを予約して、訪問地での移動方法はあとから考えることになります。そうなると、タクシーや公共交通機関の使い方が分からないと非常に困るわけです。

日本には「青春18きっぷ」という使い勝手の良い切符がありますが、こういうものも国外からネットなどを利用して予約できれば便利です。この「青春18きっぷ」と同様の機能を持っているヨーロッパの「ユーレイルパス」などは、オンライン予約することが可能です。事前に予約することができれば、訪問先で切符を購入する煩雑さが解消され、旅行者の負担が軽減されます。

外国人向けの案内所が少ないというのも不便です。ヨーロッパには、至るところにインフォメーション・センターがあります。日本も、そのような案内所をもう少し増やしたほうがいいでしょう。

案内といえば、日本の電車の乗り方は複雑で、初めての場合は特に誰かに案内してもらわなければ、それこそ迷子になってしまいます。日本の鉄道には、各駅停車のほか、快速

や特急など、さまざまな種類の電車が走っていますが、同じプラットホームから発車する場合があり、うっかり快速に乗ってしまうと、降りたい駅で降りることができないという困った事態に陥ることがあります。グリーン車にも戸惑ってしまいます。外国人には、グリーン車が特別車両なので別料金をとられるということが分かりません。ある中国人観光客が間違って乗ってしまい、「何でお金をとられるのか?」と不思議がっていました。

また、手頃な値段で泊まることができる施設が少ないというのも、今後の課題ではないでしょうか。民泊のようにリーズナブルな宿泊施設の増加が望まれるところです。一方、高級ホテルの新設も検討すべきだという意見があります。訪日客の中には富裕層の人もおり、最高級のところに泊まりたいというニーズがあるからです。ランドマークになるような、極上のホテルがあってもいいでしょう。

都市において外国人観光客の受け入れ態勢を整備することは、これからインバウンドを取り込んでいこうという地方都市にも大きな影響があります。現在、初めて訪日する中国人の多くは東京に来ています。そのため、首都圏の宿泊施設が足りなくなっています。今後、外国人観光客が倍増するような事態になれば、地方へ分散せざるを得ないというのが実情です。

しかし、東京や大阪のホスピタリティが悪ければ、他の地方都市はもっと対応が悪いと見なされるおそれがあります。大都市のキャパシティがオーバーしているからといって、わざわざ地方に行って不愉快な目に遭うくらいなら、日本へ行くのは見合わせようということにもなりかねません。

現在のサービスが期待を裏切るようだと、日本を再訪する人は確実に減るはずです。そうなれば、地方へインバウンドを誘致するどころではなくなります。そこで、いまの足元の対応がとても大切になるわけです。5年後、10年後を見据えて、早急に態勢を整え、しっかりとした心構えでインバウンドを迎える必要があります。

2-3 成功事例から学ぶ中国向けインバウンド・ビジネスへの視点

中国でプロモーションに成功している日本企業はまだ少ない

日本人の美徳のひとつとして、「慎み深さ」を挙げる外国人は少なくありません。しかし、その慎み深さが過ぎるのか、日本人は自己表現が不得意だという評価があることも事実です。自分の魅力がうまく相手に伝わらなければ、せっかくの機会を喪失してしまう懸念もあります。

中国における企業のプロモーションでも、日本人は自己表現という点で損をしている可能性があります。多くの日本企業が中国へ製品を輸出していますが、必ずしもすべての企業が売り込みで大成功を収めているわけではありません。高品質な日本製品は、十分に競

争力があります。それにもかかわらず、狙いどおりの状況になっていないという場合、情報発信のあり方を見直してみることも必要でしょう。

その際には、中国ならではの特殊な事情を考慮することも大切です。日本では一般的とされるプロモーションが、中国ではあまり効果的ではないというケースもありますし、日本と異なった形で情報が拡散することもあります。

たとえば、中国人が大量購入しているのでよく知られている「紙おむつ」。輸入品が中国で評判が良かったので、日本に行ってリーズナブルな価格で購入するのですが、大量購入を促すための特別なプロモーションが実施されたわけではありません。口コミで評判になったというのが実情なのです。大量購入の代表格である炊飯器も、留学生が親や親戚へのプレゼントとして買っていたものが口コミで評判になりました。

中国でプロモーションを行う場合、この「口コミ」は大きな意味を持っているといえます。前章でもご紹介したように、中国ではSNSによる口コミ情報の信頼度が非常に高くなっています。しかも、ネットを介しているので、拡散力もケタ違いです。日本の場合、テレビや新聞、雑誌などのマスメディアが非常に発達しており、情報を伝達させる際にも、依然として大きな影響力を持っています。一方、中国では、SNSが日本のマスメディア

に匹敵するか、それ以上の影響力を持つといっても過言ではありません。

そこで、SNSを積極的に活用して「口コミ」を創出しようというプロモーションが俄然、注目を集めているわけです。たとえば、インフルエンサーに働きかける手法があります。インフルエンサーとは、芸能人や有名ブロガーなど、ブログやSNSなどで大きな影響力を持ち、消費者の行動に影響を与える人のことです。KOL（Key Opinion Leader）とも呼ばれ、商品やサービスを紹介すると、あっという間に数百万人、数千万人にその情報が広がることになります。なかでも、個人のソーシャルアカウント（自媒体）を起点に影響力をつけていった人たちを「網紅（ワンホン）」と呼び注目を集めています。

中国において、このようなSNSを活用したプロモーションを行っている日本企業は、まだそれほど多くはありません。情報発信を見直すときには、こうした点に留意すれば、さらに効果アップが見込めるでしょう。

中国人による中国人のためのプロモーションを

中国でのプロモーションにおいて、SNSを活用することは、大変に有効な手段です。

ただし、手法だけにこだわっていては効果的なプロモーションはできません。インフルエンサーにしても、誰にアプローチすれば最も効果的な情報発信ができるのかを検討する必要があります。また、それ以前に、商品やサービスをどのような層に訴求するのかをはっきりさせなければなりません。そのためには、きちんとした調査を行い、しっかりした戦略の立案が求められます。

一例として、洗剤や化粧品などを製造販売する日本企業A社のケースを紹介しましょう。A社は中国人観光客向けに日本限定商品をPRするという明確な目標を立て、そのプロモーション方法を電通公共関係顧問（北京）へ打診しました。電通公共関係顧問（北京）はプロモーションの具体的な手法を提案する前に、中国人観光客の大部分は旅行前に広く情報収集を行い「買い物リスト」を作成しているという事実、商品がリストに載ることの重要性をA社に説明し、「買い物リストに載せる」ことを目的としたPRを提案しました。具体的には商品選択、情報入手ルートや商品購入の傾向把握、口コミ話題づくり、情報拡散などのトータルなPR戦略を提案、実施していったのです。

一連のPR戦略はまず、商品選びからスタートしました。商品ユーステストを実施し、誰向けに何を売るかを明確にしていきました。A社が設定していた販売対象は、「日本に

行ったことがある、またはこれから日本へ行こうとしている20歳から40歳のハイエンド層の女性」でしたが、一口に中国人消費者といっても大都市に住む人と農村で暮らす人とでは生活スタイルや嗜好に大きな隔たりがあります。当時の訪日旅行者のボリュームゾーンは一級都市（北京や上海などの大都市）ならびに二級都市に住んでいる消費者が大部分を占めていましたので、調査もそうした消費者を対象に行いました。A社から実際に商品を送ってもらい、その使用感や香りなども細かくテストし、商品の訴求ポイントがどこにあるのかを探りました。それにより当初A社がPRを予定していた商品が必ずしも潜在顧客に受け入れられるとは限らない、という結果が導き出されたのです。

また消費者の情報入手ルートや商品購入時の傾向についてもヒアリングを行いました。情報の検索・収集ルートに関しては、「ウェイボーやウィーチャットなどのSNSを用いる」人が大部分を占めており、「友人・知人からの口コミ」「旅行専門サイトなど」から情報を得るという意見が続きました。商品購入の際に重視するポイントは「日本品質、独自性を感じる商品」「日本で一番売れている人気の商品」「日本製」「（中国本土にもあるが）中国よりも安く購入できる商品」であることを重視する傾向があぶりだされました。

こうした結果をもとに、SNSで影響力のあるKOLの公式アカウントを通じて話題を

拡散していくという方向性が定まりました。商品の訴求ポイントに合わせて、ビューティ系、ファミリー系などカテゴリー別に、公式アカウントを絞り込み、それぞれのアカウントに商品を送付して実際に使ってもらいました。アカウント自身が商品を体験することにより、商品の特徴や使用感がリアルな声となってＳＮＳ上に発信され、説得力を持った話題として拡散されていったのです。またアカウントに対しては商品の特徴を伝えるだけでなく、実際に日本で人気が高く売れている商品という日本側の情報も提供しました。これにより「日本で買うべきおすすめ商品」などと銘打ったランキングに反映させて、商品の情報を発信したアカウントもありました。

　こうした情報発信のタイミングは、Ａ社と議論を重ねながら綿密に設計されました。夏休みや国慶節、春節など年間に数回訪れる訪日旅行ピークに合わせて、ＰＲする商品の種類、情報発信の対象者、情報発信時に用いるプラットフォーム、情報発信のタイミングや回数、期間などをそれぞれ細かく設計していきました。

　もちろんＰＲは公式アカウントを通じて情報を発信した時点で終了するわけではありません。情報が発信された後には、日本側が実施する店頭での販売結果や、ＳＮＳに書き込まれたコメントの内容、転載数、「いいね！」の数をレビューしました。そのレビュー結

果をもとに、次の訪日ピークに備えて施策に調整を加え、非常に短い期間でPDCAサイクルを回していったのです。中国において、ここまで科学的な方法で、インバウンド客に向けた口コミづくりのためのプロモーションを行っている日本企業は極めて少ないのではないかと推測されます。

日本には「郷に入っては郷に従え」ということわざがありますが、中国では、中国人の視点を踏まえたプロモーションが欠かせない一例ではないでしょうか。

スタート時点から中国人のスタンスに立って戦略を考える

家電量販店B社も、中国人インバウンドの受け入れでは成功事例といえます。いろいろなPR手法を駆使して、中国人観光客の誘致に成功。約6年間で売り上げが30倍になっています。同社の場合も、中国人の専門家にプロモーションを全面委託しており、中国人向けのネーミングやマーケティング調査などをネイティブの中国人スタッフが担当しています。中国人の購買特性などを研究してブランドイメージを再構築。ワンストップでショッピングができるという点を強調したことなどが、成功の要因と考えられます。

B社が中国向けのPRに着手したのは2008年のことで、当時、情報発信に関して、インターネットはいまほど重要性はなく、SNSも普及していませんでした。中国においてほとんど無名だったB社は、中国の消費者に会社名を覚えてもらうために、テレビや新聞、雑誌などのメディアを活用しました。記事広告などにより、定期的に何らかの話題を提供するというPR戦略を展開し、同社の社会貢献活動などを認識してもらうことで知名度アップを図りました。

大型アウトレットモールを運営するC社の場合は、当初、インバウンド誘致を旅行会社に頼り、観光バスが1台立ち寄るごとに手数料を支払うというシステムを採用していました。しかしこれでは、ブランドのイメージに好影響を与えません。バスの観光客は、わけも分からずに連れてこられるのですから、当惑してしまいます。C社は、中国人専門家のアドバイスを受け、このようなやり方を改めて、中国人向けにブランドを正攻法で紹介することによりインバウンド誘致に成功しています。

C社のPRでは、SNSが積極的に活用されています。中国の幅広い潜在顧客に向かって、「日本へ来たときには同社のアウトレットモールに立ち寄れば必要なものが調達できる」とアピールしました。名前を知っていれば、「日本へ行ったら、あそこへ行ってみよ

う」という考えも出てきます。待ちの姿勢や受け身の態勢では集客できないという視点に立って、ＰＲのプランを立案したことが好結果につながりました。

こうした事例を見ていると、中国を対象とするプロモーションでは、スタート時点から中国人のスタンスに立って戦略構築を行う必要があると痛感させられます。日本人が日本国内でプロモーション戦略を考えた場合、どうしてもこれまでの成功体験に影響されることは否定できません。それは日本人相手であれば有効であっても、そのまま中国に持って行ったところで狙いどおりにならないことが多いのではないでしょうか。日本人には考えが及ばないところに落とし穴があるかもしれません。

また、こうしたプロモーションは継続しなければ意味がありません。もういいだろうと油断をして手を抜くと、インバウンドの客は離れてしまいます。黙っていても中国人が買ってくれるだろうと思い込むのは危険。勝ち組と負け組の分岐点も、この判断や決断にあるといえます。

POINT

中国人インバウンドは体験型「コト消費」にシフト。ニーズが地方に向かう中、地元一体の体制と的確な情報発信が重要に。インバウンドを取り込むためには、地元の魅力を掘り起こす努力も必要。外国人などの第三者の意見を参考にすることが大切。

中国旅行会社リポート①《凱撒旅游総公司（Caissa）》

訪日旅行が人気!! 2015年の伸び率は対前年比200%

中国旅行会社の凱撒旅游総公司は、1993年に設立されました。中国全土40カ所以上と世界7都市に拠点を持っています。取り扱っている旅行商品は、100以上の国と地域を対象に、8000種類を超えます。海外旅行に強いのが特徴で、ヨーロッパの鉄道会社やクルーズ会社とも提携しています。ハイエンド向けの信頼できる旅行会社として評価を得ています。2015年10月には株式上場を果たした同社に、中国人の旅行の傾向を聞きました。

――中国人に人気の海外旅行先は？

2015年に人気のあった旅行先は、日本とヨーロッパです。2015年の訪日旅行の伸び率は、対前年比200%です。2016年は、日本もヨーロッパも前年ほどの勢いは見られません。ただし、成長スピードが減速傾向にあるといっても、訪日旅行はまだ増加しています。ヨーロッパはテロの影響で人気が下降傾向です。いま人気のある旅行先は、

安全性の高いオーストラリアのほか、バヌアツやタヒチなどのリゾート気分が楽しめる南太平洋の島々です。

――中国人観光客は日本のどういったところを訪れているのですか？

ゴールデンルートが相変わらず人気でメインになっています。リピーターが目指すところは北海道や沖縄などです。特に沖縄の人気が高く、沖縄行きのクルーズは、２０１５年に比べて倍増しています。空路のほうも、瀋陽・沖縄線が就航してチャーター便が利用できるようになり、２倍のペースで送客しています。２０１５年の７～９月、沖縄ではホテルが１室も予約できなかったほどです。九州はクルーズ船の寄港地として利用されており、２０１６年の就航数も前年と比較して40～50％の伸びを見せていますが、知名度がまだ低く、熊本の震災の影響もあり、旅行の目的地としてはいまのところは高い需要が見込めません。

２０１５年の訪日旅行では、花見の時期（３～４月）から夏休みまで、バスやホテルの予約ができない状況が続きました。前年の国慶節以降、日中関係の緊張などが原因で、訪日旅行が自粛ムードとなっていましたが、日中関係が改善に向かい、これが２０１５年３

月以降の爆発的な伸びにつながったと推測されます。以前から大勢の人が日本に行きたいと思っていた潜在需要が、ここに来て一気に爆発したということです。また、円安により、日本での買い物がとても安く感じられるようになりました。これも中国人が日本を目指す理由のひとつです。

――訪日旅行の目的は？

日本は多元的な楽しみ方ができます。リラックスしたいのであれば、温泉やリゾート、離島などがありますし、買い物であれば東京でなんでも揃います。また、大阪や京都では日本らしい文化に触れることもできます。さらに、子ども向けには、東京ディズニーリゾートやユニバーサル・スタジオ・ジャパンなどテーマパークも充実しています。いろいろな年代層にそれぞれの楽しみ方を提供できるのが日本の強み、魅力です。旅行リソースが豊富で、しかも、飛行機の所要時間が北京から4時間程度なので、子どもや高齢者にもそれほど負担にならないことから、日本は何度も行きたくなる目的地になっています。

東南アジアを訪れる中国人も確かに多いのですが、飛行時間が北京から6時間くらいかかります。また、大人はいろいろと楽しむことができても、子どもが楽しめる場所とは言

い難い面もあります。韓国に行く中国人も多いのですが、観光リソースが限定されており、いまは韓流ブームに乗って人気になってはいるものの、リピーターはそれほどではありません。

――日本行きの個人旅行が伸びていく可能性はありますか？

現段階では、中国人訪日旅行客は団体客のほうが個人旅行客を上回っています。個人旅行をする人は、東京、大阪、沖縄など直行便が就航しているところを選ぶケースが多いようです。北海道は直行便があるものの、道内を個人で動くのはちょっと面倒なので、やはり団体ツアーが中心となっています。

個人旅行は若い人を中心に伸びると予測できます。将来的に地方在住者にもその傾向が広まっていくでしょう。日本への個人旅行については、ビザに関する政策が変われば大幅に増加するだろうと期待しています。個人ビザの発給要件が、若い世代にはまだ厳しいというのが現状です。

――訪日旅行客の感想は？

日本の良い点としては、「環境がいい」「安全」「食べ物がおいしい」などを挙げています。日本はサービスが行き届いているので、団体ツアーの満足度は、ほかの国を訪れたツアー客よりも高くなっています。

改善の余地があるのは、言葉の問題。自分で自由に街をぶらぶらしたくても、意思疎通がむずかしいという不満があります。この2年ほどで、主要観光地ではずいぶん中国語による案内表示などを目にするようになりましたし、中国語を話すスタッフも増えましたが、韓国に比べた場合、日本は言語環境の整備が遅れているといえます。

――今後の訪日旅行の見通しは？

2015年の訪日旅行は、これまで経験したことのないくらいの大きな伸びでした。ただし、訪日旅行の需要には常に波があり、良いときもあれば悪いときもあります。日中関係や為替レートなど、環境の変化が影響してきます。

旅行客の増減には、次のような法則が当てはまります。旅行の目的地で自然災害やテロなどが起きると一時的に訪問客が減りますが、その反動で、2～3年後には爆発的に訪問客数が伸びます。いったん押さえつけられた旅行需要が、一気に噴出して伸びるという現象が起きるのです。東日本大震災の影響で一時的に訪日観光が敬遠されましたが、復興が進んだ現在、ビザ緩和などの政策とも相まって、訪日観光客の爆発的な増加につながったと考えられます。

――貴社としては今後、どのように訪日旅行へかかわっていく予定ですか？

これからも引き続き商品の充実を図って、さまざまな旅行客の需要に応えていきたいと考えています。たとえば、「日本ならではの体験」「自分で手を動かしてなにかをつくる」「現地の人と触れ合う」「現地のお祭りに参加する」「健康診断を受ける」など、文化に触れる商品をつくりたいと考えています。また、団体と個人旅行のあいだに位置する、家族向けのオーダーメイド旅行などをもっと増やしていきたいです。たとえば、少人数で星野リゾートの施設に宿泊するような旅行です。目的地としては、東北や四国なども対象として考えてはいるのですが、知名度が低いためプロモーションがむずかしいという問題があります。一方、沖縄の与那国島などの離島は、今後、訪問先として開拓の余地があると見ています。

中国旅行会社リポート②《知行家》

訪日観光のリピーター向けに多彩なメニューの開発を

知行家は、通常のパッケージツアーとは一線を画したオーダーメイド旅行のソリューションを、中産階級向けにワンストップで提供している旅行会社です。ブランドの立ち上げは約12年前で、現在のようなオーダーメイド業務を本格スタートさせたのは２０１２年ごろからです。そして現在は「旅行ＩＰ」という新たなマーケティング・モデルを確立して、意欲的な挑戦を続けています。ＩＰとはIntellectual Property（知的財産）のことで、個性や希少価値を有する商品のコアバリューを意味しています。伝統的な旅行会社とは一線を画したアプローチの方法を積極的に取り入れていることが、同社の特徴となっています。

――貴社の得意とするオーダーメイド旅行とは？

数人から15人ほどで構成される団体旅行のカスタマイズを得意としています。顧客の年齢層は、35歳から55歳に集中しています。訪れて体験する価値があると思えばコストは気

にしないという、旅について目の肥えた層がメイン顧客です。大企業の社長や管理職層、オーナー経営者などのほか、それらの息子にあたる若者も含まれます。顧客の6割は女性。夫の事業が成功した専業主婦など、時間に余裕のある女性が多いです。

――**ハイエンド向け需要が顕著になってきた背景は？**

中国におけるハイエンド向けの旅行は10年ほど前から、社長や管理職に向けた特別サービスとして始まりました。人気に火がついたのは2008年あたりです。すでに中国人の海外旅行が珍しくなくなり、一部の人にとっては、目ぼしい旅行先は行き尽くし、旅行に対して量より質が求められるようになっていました。当時、金融危機により旅行業界全体の業績は下降傾向にあったものの、ハイエンド向けの需要はむしろ高まりました。ハイエンドな人たちは、困難な時期だからこそ、旅行でリラックスしたいと思っていたようです。

――**ハイエンドな消費者に人気の訪問地は？**

彼らに人気の目的地は南米やアフリカです。旅慣れた人にとって、ヨーロッパはすでに飽きられています。世界の有名観光地は行き尽くしたという消費者が新たに求めたのが、

南米やアフリカです。彼ら、彼女らは、成熟した消費概念を持ち、自分が行きたいところ、興味のあるところに価値を見出せば、対価を惜しみません。

――今後予定している日本へのツアーはありますか？

現在、企画が進行中のものがいくつかあります。たとえば、子ども80人が日本でサマーキャンプを行うものや、広東省の会社による３００人のインセンティブ旅行。このふたつは、お客さまからの要望に沿って中身をカスタマイズしています。

また、科学技術に関するサイトとコラボをして、東京から大阪まで主要博物館を見学するツアーを計画しています。築地市場の競り体験では、魚の専門家を招いて詳細な解説を加えてもらう予定です。花見の時期にツアーを催行するのはコストパフォーマンスが悪いので、あえて時期をずらして、箱根でアジサイを見物したり、マンガ『スラムダンク』のファンにとっての聖地である鎌倉を巡る旅も計画しています。

このほか、文化的な切り口にも注目しており、建築物や庭園見学をメインとしたツアーや、大学とコラボをした健康診断ツアー、学びの要素を取り入れた「遊学」と北海道旅行をセットにしたツアーなども予定しています。トレッキングなどに焦点を当てたアウトド

ア旅行も開発の余地があると考えています。

――貴社の顧客が日本への旅行を選ぶ理由は?

さまざまな文化を組み合わせた旅行商品があることです。たとえば若い人たちの多くは、アニメやコスプレなど自分の興味のあるテーマを楽しみたいと思っています。ビジネスパーソンたちの中には、日本の管理体系、企業文化を学びたいからと日本に行く人もいます。中高年が日本を選ぶのは、安全性の高さとサービスの良さが理由です。また、訪日旅行は、コストパフォーマンスの良さも魅力となっています。訪日旅行はかなり贅沢をしても2~3万元で収まりますが、ヨーロッパや北・南米を目的地とした場合、その程度の金額では一般的な旅行商品の内容しか享受できません。

食の面からも日本は中国人にとって魅力的な目的地といえます。一般的な中国人は、日本食は、おおむね受け入れられるので、バラエティに富んだ日本の食文化が旅行の大きなインセンティブになっているようです。また、訪日旅行者は、買い物を楽しむ傾向もあります。本物が安く手に入るということのほか、手厚いサービスが体験できることもメリットとして挙げています。

——訪日旅行で不便を感じるところは？

Ｗｉ－Ｆｉサービスに関しては、日本で利用できるスポットが中国ほど多くないといわれています。しかし、「中国移動（チャイナモバイル）」が携帯用Ｗｉ－Ｆｉルーターを低額でレンタルするサービスを開始したので、これを使えば海外でのＳＮＳ利用は問題ありません。少し困るのは、マルチビザの発給要件が依然として厳しいことです。資産証明など多くの書類を提出しなければならないので、日本政府にはもう少しフレキシブルに対応してほしいです。

また、日本のホテルは非常に清潔なのですが、部屋が少し狭いという不満があります。そこで当社は、一般のホテルではなく特徴のある宿泊施設に注目しています。たとえば、美しい庭園があったり、引き戸を引くと畳が広がり鎧兜が飾ってあるような、そんな宿泊施設を開拓していきたいと考えています。

——訪日旅行は将来的にどうなるとお考えですか？

ビザの発給要件が以前に比べて簡単になったこと、中国人の消費者心理が成熟してきたことなどから、将来的に旅行人数は確実に伸びると予測しています。当社はこれまで、キ

ユーバやペルー、ブータン、スリランカ、ジンバブエ、ナミビアなどラテンアメリカやアフリカを旅行先の重点開発地域として取り組んできましたが、いずれ日本も重点開発地域となる可能性があります。

開発価値がありそうなところは、沖縄や名古屋など。ちなみに、80年代以降に生まれた中国人は、日本のアニメや漫画を見て育ったので、『名探偵コナン』のポップアップストアなどに行くとテンションが上がるようです。北海道に関しては、スキーと温泉などを一緒にしたツアーは開発の余地があると考えています。

顧客の印象を聞く限り、日本に関心がなかった人や、日本のことがそれほど好きではなかった人でも、一度訪れると日本のことが好きになっています。そうした人たちからは「また別のところに行きたい」「違った体験をしたい」とリクエストされるので、こうしたリピーターを満足させるため、旅行リソースの開拓、それに伴う日本での協力会社の開発に知恵を絞っていくつもりです。

第3章 中国の社会とヒトを読み解く

3-1 日本を訪れる中国人は、どのような人たちか？

インバウンド誘致のターゲットである中国人の特性を探り、SNSなどを活用したPRやプロモーションの有効性を明らかにします。

訪日中国人観光客の中心は20～30代

北京大学の「中国民生発展報告2014」では、中国の消費者層は、①「貧困型」、②「蟻族型」、③「かたつむり型」、④「安定型」、⑤「享受型」という5つのカテゴリーに分類されています。

「貧困型」は、約8000万人いるとされ、子どもを学校へ通わせることもできないほどの低収入層です。「蟻族型」は、出稼ぎ労働者や大都市で経済的に不安定な生活を送っている人を指しています。「かたつむり型」はいわゆるサラリーマン層で、ローンを抱えながらコツコツと生活しているタイプの人たちです。「安定型」は、アッパーミドルの中産階級。そして「享受型」は、仕事をしなくても悠々自適で生活できる人たちで、世界を飛

び回って買いたいものを自由気ままに購入できる正真正銘の富裕層です。

この富裕層を形成しているのは、改革開放路線に乗って企業を創業して成功した「創一代」や、その子弟である「富二代」と呼ばれる人たち、さらには「官二代」と称される共産党幹部の子弟たちです。富裕層は全人口のわずか1％ほどとされますが、中国人全体の財産はこの層に集中しています。

人数の面で見れば、「安定型」と一部の「かたつむり型」の人たちが訪日観光客の中心となっています。団体旅行で来日するのは、「かたつむり型」が多いようです。

クレディ・スイス・リサーチ・インスティテュートが発表した「グローバル・ウェルス・レポート」によれば、中流クラス（資産額5万～50万ドルと定義）は、中国に約1億900万人いるとされます。その人数は、アメリカよりも多く、世界第1位です。

JNTOによれば、日本を訪れる中国人観光客は、20代～30代がメインで、家族連れで初来日の人が多いとされています。また、団体旅行で来日する人は、中高年が多数を占めています。彼らにとって団体旅行は、安価であることのほか、ガイドが帯同するので言葉の心配がなく、バスに乗っていれば自動的に観光地を案内してくれるという点などがメリットになっています。

ちなみに、団体旅行がどれだけ安いかといえば、北京の旅行会社では、大阪・東京・北海道をめぐる7日間のツアーが1万元を切る価格で販売されています。だいたい、このあたりが相場と思われますが、中には、航空券を含め3980元で5つの都市を周遊できるという格安ツアーもあるほどです。

なお、若い年代に訪日客が増えている理由としては、ひとつには日本が中国から近く、2泊3日で旅行ができるという点を挙げることができます。費用についても1万元ほどあれば、十分に満足のいく旅行を楽しむことができます。まだそれほど収入のない若い人たちでも、友達同士での海外旅

中国人が初めて日本に行きたいと思ったきっかけ（複数回答）

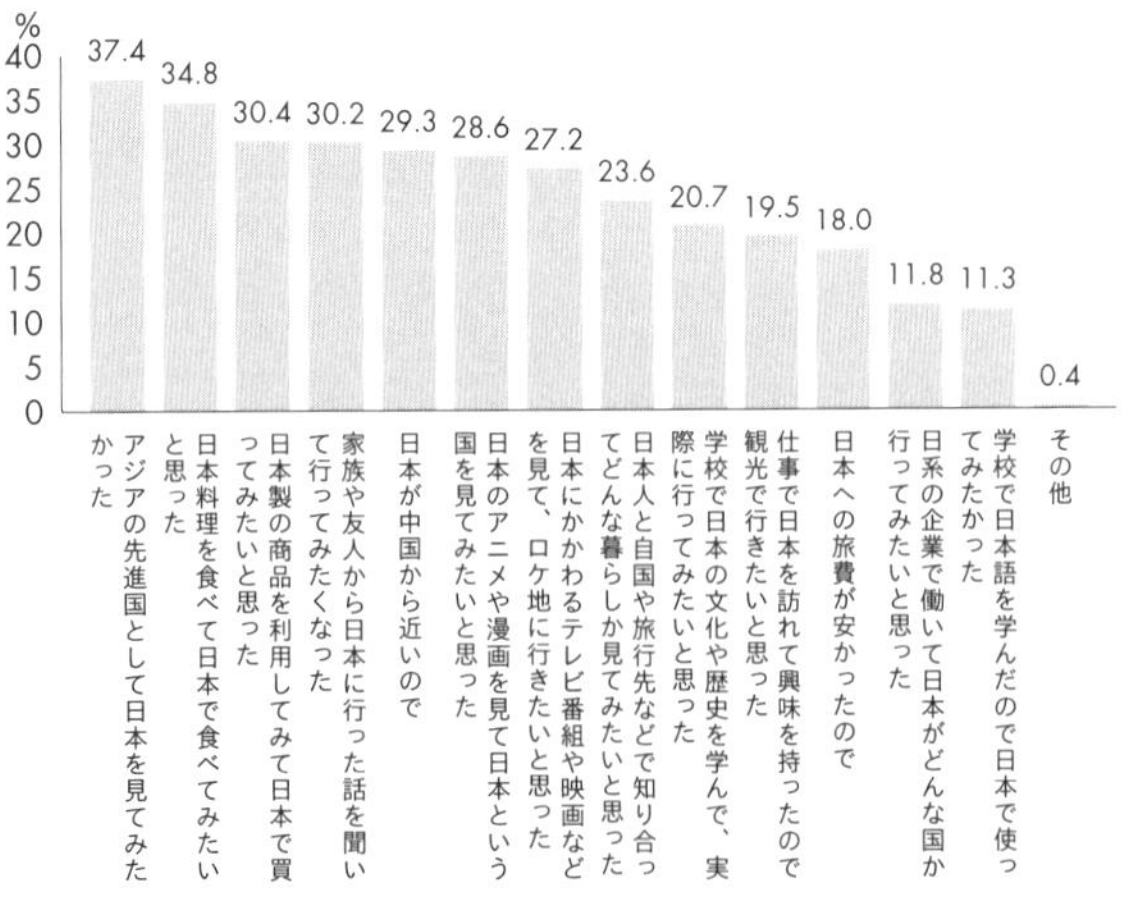

出典：JTB「1年以内に日本への観光旅行を希望する中国人に関する調査」2016年

行を満喫できるというわけです。中国の旅行会社の話では、ヨーロッパへ行く中国人は、時間とお金に余裕のある富裕層の中高年が大半だそうです。日本への旅行を選択する人は、コンパクトな旅を楽しむ層であり、若者中心の傾向が強いとのことです。

日本の「質の高いサービス」を評価

ＪＴＢが２０１６年１月に実施したインターネット調査（１年以内に日本への観光旅行を希望している世帯年収12万元以上の中国人男女１０００名対象）を見ると、調査対象とした日本への観光旅行を希望している中国人は、若い世代が多く35歳未満が全体の53・0％を占め、66・1％が総合大学卒という高学歴。また64・3％は企業のビジネスパーソンでした。訪日旅行については、71・5％の人に経験があり、国内旅行を年3回以上する人が44％、海外旅行を年1回する人が43・8％となっています。また、若い世代ほど、旅行の日程を春節や労働節、国慶節などの国民の休日に合わせる傾向が強いという結果になっています。

日本に行ってみたいと思ったきっかけは、「アジアの先進国である日本を見てみたかった」「日本料理に興味があり、日本でも食べてみたいと思った」「日本製の商品を利用して

みて日本で買ってみたいと思った」などを挙げる人が多く、日本の「技術」や「食」への関心が日本に行きたいと思うきっかけになっています。

日本が優れていると思える点については「質の高いサービス」（53・3％）、「科学技術」（48・6％）、「教育水準」（42・6％）、「国民の勤勉さ」（40・9％）、「食文化」（40・7％）などを挙げています。

旅行先を決める際に重視することは、「リフレッシュできるか」（70・8％）、「趣味など、自分の目的が達成できるかどうか」（62・6％）、「おいしいものが食べられるか」（62・1％）などです。

日本での訪問先については、初訪日では

日本旅行の訪問先

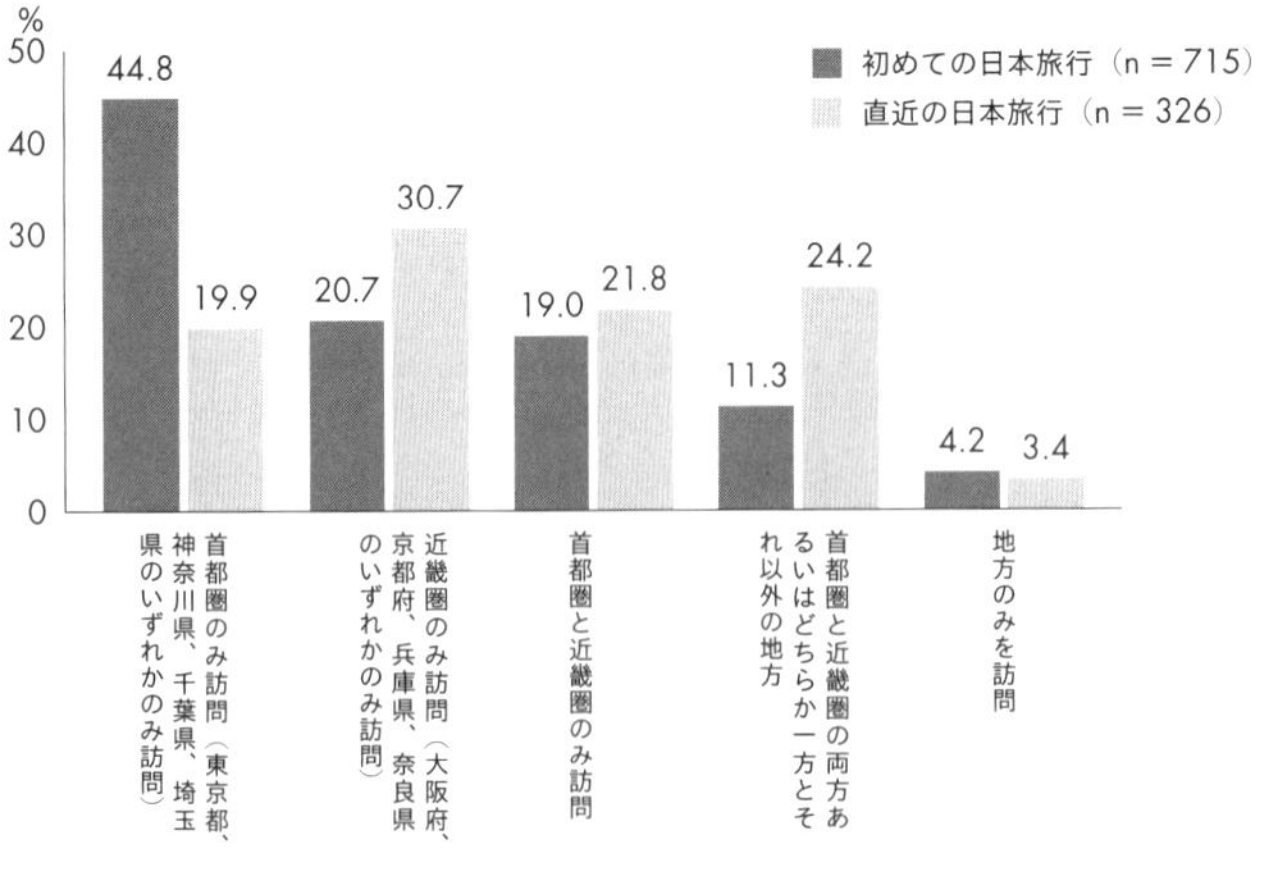

出典：JTB「1年以内に日本への観光旅行を希望する中国人に関する調査」2016年

「首都圏のみ訪問（東京都、神奈川県、千葉県、埼玉県のいずれかのみ訪問）」（44・8％）、「近畿圏のみ訪問（大阪府、京都府、兵庫県、奈良県のいずれかのみ訪問）」（20・7％）、「首都圏と近畿圏の訪問」（19・0％）と、首都圏のみの訪問が4割以上を占めています。

　また、日本への旅行を希望している人が対象なので当然の結果ともいえますが、いちばん行きたい旅行先は、1位が日本（38・0％）、2位がヨーロッパ（20・8％）、3位が北米（11・4％）となっています。香港・マカオ・台湾（4・7％）や韓国（2・5％）は予想外に低い結果でした。

日本は、中国人にとって一度は行ってみたい国

　訪日旅行の目的として「食事」や「買い物」「温泉」などが各種のアンケートで上位にランクされますが、中国人が日本を訪問する究極の目的は、日本と日本人を見聞することではないかという気もします。前出のJTBのアンケートでも、訪日のきっかけとして「アジアの先進国である日本を見てみたかった」という回答が多くを占めています。中国人にとって日本は、好きであろうが嫌いであろうが、一度は行ってみたい国なのです。結

局は、一衣帯水の関係であり、切っても切れない間柄なのでしょう。

この点については、訪日経験者や在日中国人による情報発信の影響を無視できません。彼らの多くが、「日本の『もてなし』を味わうべきだ」とSNSなどで強調しています。たとえば、次のようなコメントです。

「タクシーはとてもいいサービスをしてくれるし、電車のダイヤは正確。日本料理はおいしい。デパートにはいい商品が揃っている。トイレがきれい。サービスすることが当たり前になっていて、チップを求めることはない。チップを払わなくても、誠実にプロとしてのサービスを提供してくれる……」

安全で安心、清潔、当たり前のようにサービスをしてくれ、時間は正確。旅行先として考える場合、日本は最も洗練された国のひとつであり、そこが魅力であるともいえます。ある意味では、日本へ旅行する目的は、「日本へ行くこと」そのものにあるのかもしれません。

ある中国人が両親を連れて日本を訪問したときのことです。両親が高齢だったので、安全で近いところとして日本への旅行を選択したそうです。その際、東京ディズニーランドで乗った遊覧船のガイドのホスピタリティに感動したといいます。20人乗りの船だったの

ですが、うち19人が中国人。言葉が通じないというのに、ガイドは身振り手振りを交えて熱心に説明をしてくれ、その姿に両親がいたく感動していたそうです。心を込めたサービスであることが、中国人にも分かったということです。

結局、「目的」という切り口でまとめてしまうと、「買い物」などの項目がランキングの上位にきてしまうのですが、中国人にとっては「日本」や「日本人」こそが大きな訪日の魅力であるという見方もできるでしょう。

3-2 急激に変貌する中国社会と中国人のライフスタイル

スマホひとつで何でも片づく「デジタル超先進国」

中国人の海外旅行が多様化の方向を見せ始め、旅行先の選び方、旅先でしたいこと、買いたいものなどに変化が表れています。その変化は、社会全体の急速な発展と密接に関係しています。中国の変貌は、社会主義市場経済のもと、交通網や情報通信の発達をはじめ、日本人が経験してきた成長よりも明らかに速いペースで進んでおり、しかも日本や欧米とは異なった経過で独自の発展を遂げているともいえます。

１９７８年に始まった改革開放政策により、中国は経済成長の軌道に乗りましたが、ここ10年ほどで、中国社会も中国人のライフスタイルもさらに変化しています。

まず、中国人は非常に多忙な生活を送るようになっています。ファストフード店や宅配

便なども増えて、生活のサイクルがスピードアップしています。

競争意識の強さも目立つようになっているといえます。他人に負けないように、子どもの教育はゼロ歳から始め、マイカーやマイホームを競うように購入しています。教育に関しては、以前から熱心だったのですが、最近は塾やピアノレッスンなどへ通わせることも増えています。とにかく他人に先駆けようという気持ちが強いらしく、株式投資などに手を出したら、自分だけは誰よりも早く大儲けしようと、一攫千金を狙っています。地道に生活を向上させるというよりも、一気に成功したいという雰囲気があります。

古いものから脱却して新しいものをつくり出そうという風潮も無視できません。海外からの帰国者が増えていることも要因となっているのでしょうが、欧米にないものを中国で生み出したいという機運が高まっています。「アイデアをどんどん出して新しいものをつくれば、ビジネスチャンスがあるのではないか」と考え、即座に行動に移しています。そこは、日本のような成熟した穏やかな社会とは異なる点です。

そして、ここからがインバウンドと大きく関係してくるのですが、中国では消費がものすごく増えています。ネットショッピングは日常茶飯事となり、消費に拍車をかけています。もちろん、海外旅行も消費の一環であり、旅行者の数はすさまじい勢いで増えています。

ネットショッピングが普及していることからも推察できますが、中国人の生活にも、インターネットが深く浸透しています。ある意味では、現代の中国人は、インターネットにからめ捕られ、翻弄されている人たちだといっても過言ではありません。たとえば、タクシー配車アプリをスマホに入れておかないと、夜半の繁華街などでタクシーをつかまえるときに非常に苦労することになります。

日本でも、電車の車内で多くの人がスマホに見入っていますが、それでも新聞や本を読んでいる人も何人かは見かけます。ところが、北京の地下鉄では、車内のほぼ全員がスマホをいじっているといっても誇張にはならないでしょう。駅の売店で新聞や雑誌を売っているわけではないので、日本とは事情が異なりますが、スマホでネットに接続できなければ、それこそ情報難民になりかねない勢いなのです。固定電話のインフラが整備されるより先に、携帯電話が爆発的に普及したことで、中国は日本とは違った形で情報通信が発展してきています。

ちなみに、第38回「中国インターネット発展状況統計報告」（２０１６年８月３日発表）によれば、２０１６年６月現在、中国でのネットユーザーは約７・１億人に達しています。

中国におけるインターネット普及率は51・7%で、これは世界平均を3・1ポイント、アジア平均を8・1ポイント上回っています。国家戦略ともいえる「互聯網＋（インターネットプラス）」アクションプランが官民サービスの多元化、モバイル化を推進していると見られます。

また、モバイルネットユーザーは6・6億人に上り、全ネットユーザーにおける92・5%がモバイルからもインターネットを利用しています。モバイルからのみインターネットを利用するというユーザーは24・5%に達しており、これはネットユーザーの使用デバイスがより一層モバイルに集中していることを物語っています。この統計からも、モバイル通信の発展、スマホの普及により、モバイルネット環境が中国の人々の生活に深く浸透していることは明らかです。

日本に比べて、中国のインターネットの進展は速く、さまざまな情報がインターネットの中に氾濫しています。そこでは、玉石混淆の情報を取捨選択するスキルが求められます。中国のネット事情には問題も多いのですが、大きなビジネスチャンスが潜んでいることも否定できません。少なくとも、インバウンドに関して中国で情報発信を行う場合、こうしたネット環境を無視して語ることはできません。

安心・安全や品質を求める「80后」や「90后」世代

中国人の消費性向について、もう少し触れてみましょう。２０１６年5月に発表された消費者レポート「中国消費者変化趨勢与営銷啓示」によれば、中国における消費の中心は、１９８０年代以降生まれの世代に移行しているとされています。人口の約31%にあたる約４・２億人が80年代以降生まれですが、この世代は、機能などよりも、トレンディーなものやカジュアルなものを好み、自分が気に入ったものを買う傾向があります。また、健康に配慮して、安心・安全なものを指向しているのも特徴です。

中国では、80年代以降生まれの世代を「80后（バーリンホウ）」、90年代以降生まれの世代を「90后（ジューリンホウ）」と呼びますが、「90后」になると前述の特徴がさらに強くなります。北京大学の調査研究によれば、日常のショッピングで重視するポイントは、「自分が好きかどうか」（77・３%）がトップで、その次に「価格」（40・５%）、そして、「友人の推薦」（31・９%）となっています。自己主張が強いとされる「90后」は、広告や店頭スタッフの影響を受けないという見方もできます。今後、この世代が消費を牽引するようになれば、また中国の消費動向は変化していくはずです。

一方、現在の中国では、癒やしや安全、リラックスなどへのこだわりから、多少価格が高くてもワンランク上の品質を求める人が少なくありません。中国で販売されている日本製品は、日本よりも割高な価格設定になっているものが多いのですが、品質に対する信頼のおかげで、中国人からは好感を持って受け入れられているようです。

たとえば、日本製の紙おむつは、中国では日本の価格の2倍で販売されているのですが、飛ぶように売れており、品切れになるくらいの人気です。そのため、日本なら半値で購入できることから、日本へ旅行に行く人がいると、紙おむつや粉ミルクの大量購入を頼むわけです。こうしたことも「爆買い」の要因のひとつになっていたようです。

ひと昔前は、日本で何かを買ってきて中国で使うということなど、一般人では考えられませんでした。それが、いまでは、ふつうの生活レベルの人でも、日本を訪問して安くて品質の良いものを買うことができるのですから隔世の感があります。

中国で中産階級をターゲットに事業を展開しているユニクロは、品質がよくファッショナブルなブランドということをアピールしています。こうしたイメージに90后などは購買意欲を刺激されているといわれています。実際、中国の調査会社・艾瑞諮詢が２０１６年に発表した「90后VS80后時尚品牌偏好研究報告」の結果によると、ユニクロがＺＡＲＡ

やH&Mを抑え80后と90后の好きなブランド第1位に輝いています。日本のブランドは、品質はもとよりアフターサービスなどについても高水準であることが、中国の消費者に定着しています。中国の市場経済の進展と歩調を合わせて、日本のブランドが若者世代を中心に浸透していることは確かなようです。

家族や地縁を重視するメンタリティ

目下、急速に変化している中国社会ですが、ある意味では原点回帰という現象も見られます。マッキンゼー・アンド・カンパニーから発表された2016年の中国消費者調査報告（中国人1万人対象）によれば、多くの中国人が家族を重視するようになっているとされます。人生の成功は、お金の有無だけではなく、家族が幸福であることだと考える人が増えているというのです。

このように考える人は、2009年には62%だったのですが、2015年は75%へと増加しています。休日に家族とショッピングに行く割合も、2012年は43%でしたが、2015年には64%へ上昇しています。その延長として、家族と一緒に旅行するという傾向

も強まっているようです。

もともと中国人は、地位とか財産を求めること以上に、家族と幸せに過ごすことを大切に考える国民性があります。老親の面倒を見るため同居するというのは、いまでも中国では当たり前のことであり、昨今の日本とは状況が異なります。

友人関係を大切にするのも中国人の特徴といえます。日本ではルールを逸脱してまで友人に便宜を図ることはしませんが、中国人は友人であれば多少目をつぶってしまうことさえあります。是非はともかくとして、友人のためであれば、コネを使ってでも融通を利かせようというのは、それはそれで仁義に厚いといえるでしょう。

地域のコミュニティ、いわゆる「地縁」も、中国人にとっては重要な人間関係といえます。日本にいる在日中国人のあいだにも、吉林省同郷会とか四川省同郷会などがあり、同郷者による地域のネットワークを大切にしています。

同好の士によるグループやコミュニティなどを介して「つながり」を形成する例も少なくありません。このような仲間を中国では「圏子（チュエンズ）」と呼びます。たとえばダイビングやフラダンスという趣味によって結びついているコミュニティや、仕事関係のコミュニティなど、何らかの共通項でくくられる圏子が非常に多く存在しています。

中国ではSNSによる口コミが盛んであると前述しましたが、これを可能にしているのが圏子によるネットワークであるともいえるでしょう。ラインの中国版であるウィーチャットは、対個人だけではなくグループで盛んに利用されています。中国人のあいだでは、このようなグループやコミュニティ内で情報が伝播していくという傾向が強くなっています。

3-3 インバウンド誘致のための情報戦略

旅行前も旅行中も、情報収集はＳＮＳから

海外旅行に行く前には、日本人の場合でも、いろいろと情報を収集します。雑誌やガイドブックを読んだり、インターネットで関連するサイトをチェックしたりします。もちろん中国人も、そのような情報収集をするのですが、日本人とは少し事情が異なるようです。特にショッピングに関する情報を得る場合には、独自性が目立っています。

まずは、友人や知人を介した口コミによる情報を重視します。それから、ウィーチャットやウェイボーなどのＳＮＳでフォローしているアカウントからの情報をチェック。日本の「ヤフー知恵袋」のようなＢＢＳ（電子掲示板）も活用しています。何か質問をしたら、

誰かが答えてくれるというものです。また、目的の商品がはっきりしている場合は、その商品に関する人気ランキングが掲載されているサイトなどもチェックしています。旅行全般については、旅行攻略サイトのようなものを参考にしているケースも多いようです。

ただ、情報の入手先として、既存のメディアにはそれほど関心がないようです。中国人は、テレビ番組もスマホで見るというほど、ネットに傾斜しています。雑誌は店頭に並ぶ印刷物とデジタル版があり、コンテンツのデータをウェイボーやウィーチャット、ＢＢＳなどに流して拡散。読者とのあいだでインタラクティブなコミュニケーションを取ることができる仕組みをつくったり、関連するイベントを実施したりしています。発信される情報自体が複合的になってきているため、雑誌だけを見て商品購入を決めるという人は少なくなっています。

また、商品の購入を積極的に働きかけるような企業寄りのサイトなども、あまり見ていないようです。中国人は知人や友人からの口コミを重視するので、ウェイボーやウィーチャットなどでフォローしているアカウントの情報を頼りにして、訪日の際に活用するショッピングリストを作成しているというのが現状です。

中国人観光客は、日本滞在中もＳＮＳからの情報収集に余念がありません。すでに改善

されてきてはいますが、フリーＷｉ－Ｆｉを利用できる場所がまだ少ないという日本の状況を見越して、携帯用のＷｉ－Ｆｉルーターをレンタルして持ってくるケースも少なくありません。低額で使い放題のサービスがあり、それを活用してスマホで入念な情報チェックを行う中国人も増えてきています。

また、中国人は他人に何かを尋ねることを気にしませんので、言葉が通じなくても、身振り手振りで日本人に質問しています。事前に情報を十分に仕入れ、日本に来たら、周辺のことは地元の人に聞いたりスマホで調べたりするというのが、中国人観光客の一般的な姿といえます。

日本商品の購買を誘因するためのインバウンド施策

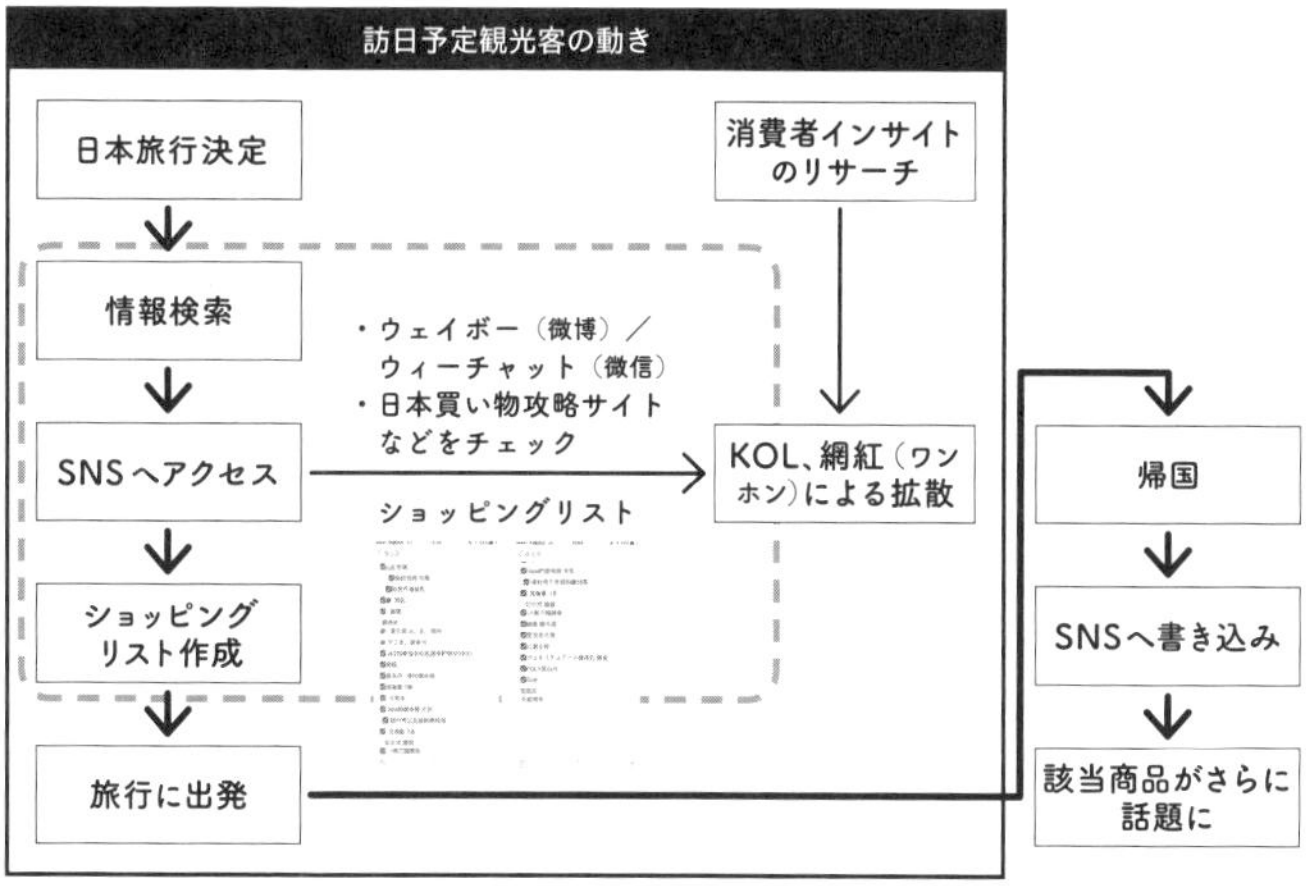

中国人気女優のフォロワー数は4000万人

中国での情報発信においては、ＳＮＳにおける圏子の影響は軽視できません。日本に行ったことのある人が自分の買い物リストをつくれば、それがあっという間にコミュニティ内で拡散します。「日本攻略」などという情報がアップされていれば、みんながチェックします。誰もが、圏子のコミュニティを重視しているのです。

そこで、同じ価値観や趣味でつながっている人たちに対して影響力のある有名ブロガーなど、いわゆるインフルエンサーを通じた、第三者発の口コミによる情報発信の手法が重要になってくるわけです。

実際、日本企業の中にも、中国のＳＮＳやネットメディアを戦略的に活用しているケースがあります。たとえば、在日中国人の情報発信力に注目し、ＫＯＬ（Key Opinion Leader）に働きかけて、「いま日本では、こういうものが人気」といった情報を中国向けに流しています。日本人のあいだで人気があるということで、中国人が興味を示し評判になって、購入促進につながっています。

ＫＯＬの影響力はすさまじく、ある中国人著名ブロガーが公式アカウントで、１５００

元もする高級まな板を推薦したところ、わずか10分でネット通販が1・5万枚も売り上げたという事例があるほどです。

KOLの影響力のすごさを示す事例を、もうひとつご紹介しましょう。これは、電通公共関係顧問（北京）が自ら体験したものです。

2016年1月に電通公共関係顧問（北京）が身内の祝賀会を開いたのですが、その数日前に人気女優の王珞丹から、お祝いの花束が届いたのです。みんなに自慢したい出来事なのでSNSに話題としてアップしたいところですが、このときは対外的には伏せておいて、内々にお礼のメッセージを返信しておきました。

それから間もなくして、彼女の主演映画が公開されたので、ちょうど良い機会だと考え、花束が届いたことを映画公開と絡めてウェイボーで発信しました。すると、彼女のファンからのアクセスが殺到し、閲覧数が一気に増えたのです。47万を超えるアクセスがあり、コメントも1000件くらい寄せられました。

もちろん、彼女が「いいね！」を押してくれたから急増したのです。彼女のフォロワーは約4000万人。彼女が「いいね！」を押せば、1％のフォロワーが反応しただけでも40万人のアクセスを獲得できることになりますが、まさに身をもってそれを実感したわけ

です。

ＫＯＬによる情報発信を考える場合、相手の関心事や話題の選択が大切で、その点は丁寧に調べる必要があります。この事例は、必ずしも意図的ではなかったのですが、映画公開に絡めて発信したことが彼女の関心を呼んだということです。もし戦略的に彼女にＫＯＬとして情報発信してもらうのであれば、彼女がどのような人に影響を与えて、どのようなことをＳＮＳにアップしているのかを普段からチェックしておく必要もあります。

もし、アーティストのコンサートチケットを売りたいのなら、このアーティストのことが好きだというＫＯＬに関心を持ってもらえば、多くの費用をかけずに販売成績を上げることもできます。このＫＯＬが情報を転送してくれたり「いいね！」を押してくれたら、何千というアクセスを得ることも可能になるからです。特に「80后」や「90后」をターゲットにする場合、この年代から支持されているＫＯＬを通じて大きな効果が期待できます。

このような中国におけるＳＮＳの実情を考えれば、オウンドメディア（自社所有のメディア）で商品特性をアピールするだけでは、伝えたい情報が的確にターゲットに届くとは限りません。たとえ、中国語のサイトを立ち上げて外形を整えたとしても、場合によっては、誰もいない虚空に向かって情報発信しているということにもなりかねないのです。中国に

対して情報発信を行う場合、中国の現状を踏まえ、ＳＮＳやネットメディアの戦略的活用が重要なポイントといえます。

ＫＯＬ効果を最大限に導き出す！ ―中国プロモーション成功事例―

ＫＯＬの影響力といっても、単に彼らから情報を発信してもらうというだけでは、その効果は最大化されません。ＫＯＬに働きかけ、より多くの情報を発信してもらう仕組みをつくりあげること、そして彼らのフォロワーだけではなく、一般の生活者にまでその情報を拡散させていくこと、これがＫＯＬの影響力を最大限に導き出す醍醐味だと言えます。

電通公共関係顧問（北京）でも、日用消費財から自動車まで、ＫＯＬを通じたプロモーションを幅広く手がけています。その事例を見ると、単にＫＯＬに働きかければいいというのではなく、その商品・サービスの特性、ターゲット層、彼らと商品・サービスとの接点となるさまざまな話題づくり、そこから導き出された的確なＫＯＬの選定、その特性に合わせた切り口、情報発信のプラットフォーム、これらを戦略的に組み合わせることによってＫＯＬの影響力を最大限に導き出してきたことが分かると思います。数多くある事例

の中から、今回はその効果が顕著に表れている最近の事例をご紹介します。

KOLプロモーション事例

★高級スマホ「8848鈦金手機」

ブランド精神を一貫して体現、「初」を意識した話題づくり

〈プロモーション概要〉

★商品・サービスの特性

・高級チタンと最高級皮革を使ったスマホ端末

・ブランドスローガンは「敢為天下先（先例となることを恐れない）」

★ターゲット

・40代から50代の企業経営者クラス

★課題

・ブランド認知とブランド精神の浸透、販売量の向上

★戦略

・ターゲットに影響力絶大の経済、文化界著名KOLを通じ、ブランドへの共感を醸成する
・ブランド精神に合わせ「初」を意識した段階的な話題づくり、商品発表の注目を最大化

「8848鈦金手機」（以下、「8848」）は、2015年7月に発売された、中国の国産スマホです。高級チタンと最高級皮革を用い、匠の技を結集して製造されたこれまでにない新しいスマホで、名前は世界最高峰のエベレストの標高に由来しています。中国で人気の高いアップルやサムスンなどのスマホは5000〜6000元で、それでも高級な価格帯に属しますが、「8848」は国産ながら9999元というさらに上の価格に設定されています。主なターゲットは機能性よりもむしろ情報の安全性やスマホがつくられたバックグラウンドに価値を見出すハイエンドの企業家層です。

電通公共関係顧問（北京）は、複数の著名PR会社とのコンペに勝ち、この「8848」とリテナー契約を結び、トータルで戦略的なコミュニケーションデザインを任されています。

「8848」のブランド精神である「敢為天下先（先例となることを恐れない）」のメッセー

ジを的確にターゲットへ届けるために、まず注目したのはキューバでした。2015年は中国とキューバの国交樹立55周年に当たり、「一帯一路」の国家戦略も後押しし、キューバと中国の関係がさらに強化されると期待されていました。中国国際航空が北京＝キューバ間のフライトを就航させたのは、そのようなときです。キューバ行き初フライトは、中国が「未知の領域を切り開いてその先に踏み出していく」ことであり、これは「敢為天下先」という「8848」のブランド精神とも符合するものでした。

このニュースを利用して、旅行や経済など各分野で影響力の大きなKOLに、2015年12月27日の初フライトでキューバを旅行してもらいました。参加した5人のKOLは「8848」のターゲット層と同じ40～50代の男性が中心で、旅行家の孫剣、経済ジャーナリストの羅昌平、詩人の葉匡政ら、いずれもウェイボーでV認証（フォロワーが数十万人以上）を受けている影響力の大きなKOLです。

キューバには、チェ・ゲバラ、葉巻、ラム酒、クラシックカー、ヘミングウェイなど、男性が興味を惹かれるコンテンツがあふれています。さらに40代～50代という世代は、中国の改革開放前を実体験として知っており、当時の様子が現在のキューバとオーバーラップして感慨を深めたようです。5人のKOLは、12日間の旅行中に、「#8848 古巴探索之

旅＃」のタグを付けて、自発的に情報の発信を行っています。

ウェイボーで発信された情報は5人で合計117件、それらの転送回数は1万2867回、コメント3857件、「いいね！」が6624つきました。このほか、ウィーチャットでの情報拡散も合わせると、合計で2000万人以上がこのキューバ旅行に注目しました。これは、予想をはるかに超える反響でした。またキューバへの初フライトは高いニュース性があったため、CCTV（中国中央電視台）をはじめ各メディアでも取り上げられ、情報拡散の相乗効果が得られました。

キューバ行き初フライトというニュースとKOLの影響力を組み合わせたことにより、ブランドの知名度、ブランド精神の浸透、製品への注目度を短期間で高めることに成功したのです。

また、2016年7月19日には、「8848」のニューモデルの記者発表会が行われました。この発表会もまた、ブランド精神「敢為天下先」を体現すべく、中国国内のスマホブランドとしては初めての試みを採用しました。

従来型の商品発表会は社長や開発担当者が登壇し製品の特徴を述べるといったものがほとんどです。ややもすれば冗長になるか専門的になり過ぎるかで、いずれにしても印象に

残りにくく、誰かに伝えたくなるようなものではありません。そこで、電通公共関係顧問（北京）では、ソーシャルでの口コミ喚起を念頭に置いたプロモーション方法を意識して、当時中国でも話題となっていたTEDのようなプレゼン形式を採用、さまざまなプレゼンターから商品のテーマに沿ったストーリーを簡潔にプレゼンしていく発表会を企画したのです。これは、従来の発表会の常識を打ち破るものでした。

プレゼンターとして登壇したのは、ブランド創始者やブランド最高技術責任者のほか、経済界で大きな影響力を有している王石、呉暁波、胡潤といった社会的にも知名度のあるKOLです。彼らは「8848」のターゲット層に絶大な影響力があるため、発言には自然と注目が高まります。発表会では、ブランド精神「敢為天下先」を印象付けるため、この5人のプレゼンターに、「敢為天下先」をテーマに自らの物語を語ってもらいました。もちろんこうしたテーマの設定からプレゼンの内容指導、プレゼンターへの事前のスピーチ指導などはすべて電通公共関係顧問（北京）が行いました。

KOLたちのスピーチは会場に招かれた経済系やIT系のメディアによって、文字や写真だけでなく、動画やライブ配信なども含めた立体的な形で取り上げられ、ネット上で転送が繰り返されました。その結果、前年同時期に行われた商品発表会の際も今回も、会場

に招かれたメディアの数は大きく変わらなかったのですが、前回と比べると一日あたりの平均露出量が40%以上も上昇。特にネット上での拡散が顕著で、ニュースアプリによる露出は１００倍以上もアップしました。「百度指数」を利用したアクセス解析でも、昨年同時期に行われた旧モデルの発表会と比較するとその注目度は８倍以上となっていることが明らかとなりました。

ターゲットに合わせたＫＯＬに働きかけることで、ブランド精神を拡散し、それが結果的に販売量を引き上げる効果につながったのです。

中国人の心をつかむテーマ旅行!!

―旅行企画ケーススタディー―

ここからはＳＮＳやＫＯＬを通じたプロモーションという観点で、中国人を対象としたインバウンド誘致についても考えてみましょう。中国人を惹きつける体験型観光という前提で、架空のテーマ旅行を企画してみましたので、サンプルとしてご紹介します。

《企画① 決定版！ 日本アニメの聖地巡礼》

アニメや漫画は、日本のソフトコンテンツの代表格です。中国の若者、特に80后、90后は日本のアニメや漫画を見て育った世代で、日本のアニメや漫画、アイドル、サブカルチャーに強い関心があります。この企画では、中野ブロードウェイや、三鷹の森ジブリ美術館など、日本のアニメやサブカルチャーファンに人気のスポットを網羅します。また参加者への特典としてツアー中にスペシャルイベントも開催します。

80后はもちろん、日本のアニメや漫画を見て育った世代ですが、すでに社会人としての分別をわきまえた大人です。一方、90后はそのほかの世代から見ると異邦人ともいえるほど斬新なセンスを持っていて、90后と80后ではアプローチの方法が異なります。そこで、この企画では、コミュニケーションターゲットを90后に絞ることにします。

情報拡散のプラットフォームには、ほとんどすべての日本のアニメや漫画、ドラマなどが見られる動画サイトの「エーシーファン（AcFun）」「ビリビリ（bilibili）」、90后に人気のライブ配信「イージーボー（一直播）」、ウェイボー、ウィーチャット、ＢＢＳなどのＳＮＳ、毎月ワンテーマで日本を紹介する雑誌『知日』、ヤフー知恵袋のようなコミュニティサイトの「豆瓣」「知乎」、そしてアニメオタクのＫＯＬが考えられます。

こうしたプラットフォームを利用して、想定される中国国内情報発信戦略には、たとえば、アニメオタクのKOLと一緒に旅行したい人をWEB上で募集し、KOLには旅行中、聖地の先々でライブ配信をしてもらいます。そしてそのライブ画像を「ビリビリ」を通じて配信し、さらなる拡散を狙います。

《企画② 富士山パワースポットで魂と会話する癒やしの旅》

中国経済の急激な発展に伴い、企業経営者は心の安らぎを求めるニーズが高まっています。富士山は日本のパワースポットとして有名なので、そうした企業家たちの心を癒やすのにぴったりの場所です。そこで、富士山周辺で儒教を学ぶ3泊4日の学習ツアーを企画してみました。せっかく外国のお客さまが来てくれるのですから、周辺地域への波及効果も狙うため、周辺の地域で連携し、外国人向けの優待が受けられるアプリやクーポンを発行します。参加者は富士山の麓で儒教について学びながら、空いた時間にはこうしたサービスを使ってお得に周辺の散策も楽しんでしまおうというものです。

ターゲットには、「日ごろ仕事のプレッシャーを抱えているホワイトカラー」「未婚女性、一定の文化的関心がある人」「70后、80后の男性企業家」「企業団体」などが想定されます

が、ここでは、「日ごろプレッシャーを抱えている30代から50代の企業家」とします。

このターゲットに向けた、情報拡散のプラットフォームとしては、ハイエンド向けのプレミアム旅行企画を得意とする「知行家」のサイト、航空会社のVIP待合室などにある雑誌やパンフレット、銀行やクレジットカード会社のVIP会員向け冊子、高級ビジネスクラブの勉強会や交流会、企業家に影響力のあるKOL、高級ホテルやフィットネスジムなど、ターゲットが普段から出入りしたり、情報源としたりするところがプラットフォームとして考えられます。ここまでプラットフォームを細分化するのは、よりターゲットに合致した情報を発信するためです。

こうしたプラットフォームを通して、具体的には中国国内において以下のような情報発信戦略の展開が考えられます。

- 「知行家」と共同でツアーを企画、参加者募集については「知行家」のリソースも利用
- 空港のVIPラウンジに置かれている雑誌やVIP会員向け冊子に旅行記事を掲載
- 企業家クラブとタイアップし、企業家クラブの定期活動の一環として日本へ
- 経済界で影響力のある企業家にKOLとして旅行を体験してもらい、自媒体で情報発信

《企画③ 蛍と一緒に過ごす夏休み》

中国では小中高の子どもたちの休日が年間で150日程度です。この休みをどのように利用するかは、実は子どもを持つ親たちの共通の悩みです。特に大気汚染の問題を抱える都市部の家族にとって、日本は中国から近くて治安も良く、自然の中で体験型の遊びが充実しているので親子旅行に最適です。たとえば群馬県の高原で、夏はキャンプや川遊び、蛍狩りや星の観察、昆虫採集というのはいかがでしょう。冬になればスキーも楽しめますので、年間を通して親子向けの旅行をシリーズ化し、リピーターを呼び込むこともできます。

ターゲットは、「子どもの教育に関心の高い母親」とします。このターゲットに向けた情報拡散のプラットフォームは、やはり特別な旅を企画できる旅行社のWEBサイトや、中国のママとプレママに絶大な影響力のある育児系メディア「宝宝樹」などが考えられます。また親子KOLに働きかける手もあります。

これらのプラットフォームを利用した中国国内情報発信戦略としては、次のような展開が考えられます。

・旅行社によるツアー企画と旅行社のリソースを利用した募集

多様化するインバウンドのニーズ
必要なのはニーズに応じた戦略設計

ターゲット・ニーズ	テーマ・内容・時期	拡散プラットフォーム
サブカル好きの90后 	**「決定版！日本アニメの聖地巡礼」**  **時期：**通年 **内容：**中野ブロードウェイや三鷹の森ジブリ美術館など日本アニメファン垂涎のスポットをめぐる。旅行期間中、スペシャルイベントにも参加	・動画サイト AcFun ・一直播（ライブ配信） ・雑誌『知日』
30～50代ホワイトカラー 	**「富士山パワースポットで魂と会話する癒やしの旅」**  **時期：**通年 **内容：**富士山の麓で心安らかに儒教を学ぶ。空き時間にはアプリやクーポンを利用して周辺地域を散策	・オーダーメイドに強い旅行会社「知行家」 ・企業家 KOL（呉暁波） 
子どもの教育に関心の高い母親 	**「蛍と一緒に過ごす夏休み」** 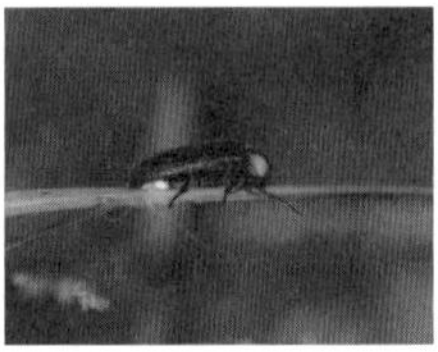 **時期：**夏休み **内容：**高原でのキャンプ、虫捕り、蛍狩り、川遊びなど自然との触れ合いを通して忘れられないひと夏を過ごす	・育児系メディア「宝宝樹」 ・ママ KOL（有名女優 賈静雯） 

写真提供：Shutterstock, 123RF

・「宝宝樹」のサイトで日本への親子旅行をホットトピックとして取り上げる
・1800万人以上のフォロワーを抱える著名親子KOLの賈静雯親子にツアーへ参加してもらいウェイボーで拡散

KOLが旅行をする際、その様子をたとえばDV（デジタルビデオカメラ）で撮影してもらうとしましょう。DVの主なターゲットも子どものいるファミリーですので、旅行のターゲットと重なります。コラボをすることで、DVのPRになると同時に、旅行の情報がDVに関心のある層にも拡散できます。

口コミの拡散＝リスクの拡散？　リスクをチャンスに変える取り組み

ここまで、KOLの影響力による事例を見てきましたが、中国でのソーシャル・ネットワークを通じた話題拡散にはリスクが伴うことも、留意しておかなければなりません。日本の企業・商品に対しては、期待が大きいゆえに、その期待が裏切られたときの反響もまた大きいのです。たとえば日本のサプリメントを試した中国人が、「効果が見られない」「体調不良があった」といった不満をネットで公表したとします。もちろん、期待度が高

すぎた、効果を理解していない、賞味期限が過ぎていた、保存状態が悪かった、使用時の体調が悪かった、果てはネットで買った偽造品を使っていたなど、個人の問題の可能性も考えられるのですが、投稿を読んだユーザーは「効果がなかった、体調不良があった」という部分に敏感に反応します。ネガティブな情報が、ユーザーの購買行動を左右するのは事実です。

こうしたリスクは、サービス面でも考えられます。たとえば観光地で「日本人のガイド・店員・駅員・市民の態度が悪かった」「危険な目にあった」「食事が期待はずれだった」など。観光地へのマイナスの印象が広がってしまうことがあります。

一度下がってしまった評価を取り戻すのは至難の業です。実際、こうした問題に直面したクライアントから、相談を受けるケースも少なくありません。話をうかがうと、自社に関心のある消費者層が、誰の情報を信じているのか、どんな情報を発信しているのかまで把握できておらず、オンライン上のレピュテーションマネジメント（評判の向上もしくは失墜させないための戦略的な取り組み）が行われていないのです。

レピュテーションマネジメントには、大きく分けると、良い評判をさらに高めていく「攻め」と、評判の悪化を予防し、食い止める「守り」があります。日本国内での評判に

は関心を持っている企業も、海外でのレピュテーションマネジメントと聞くと、複雑で手間がかかる、といった印象から、「守り」を軽視した情報発信に走ってしまうパターンがよく見られます。電通公共関係顧問（北京）では、こうした課題に対して「3D System©」という仕組みを提案してきました。これは電通公共関係顧問（北京）のオリジナルモデルであり、日本の電通パブリックリレーションズの持つ長年のノウハウと、アメリカで活用されている最新のソーシャルレピュテーションマネジメント手法を用い、中国での実践を踏まえて独自に開発したものです（図参照）。

3Dとは、Design（的確な判断／企画）、

電通公共関係顧問（DPRC）の 3D System©

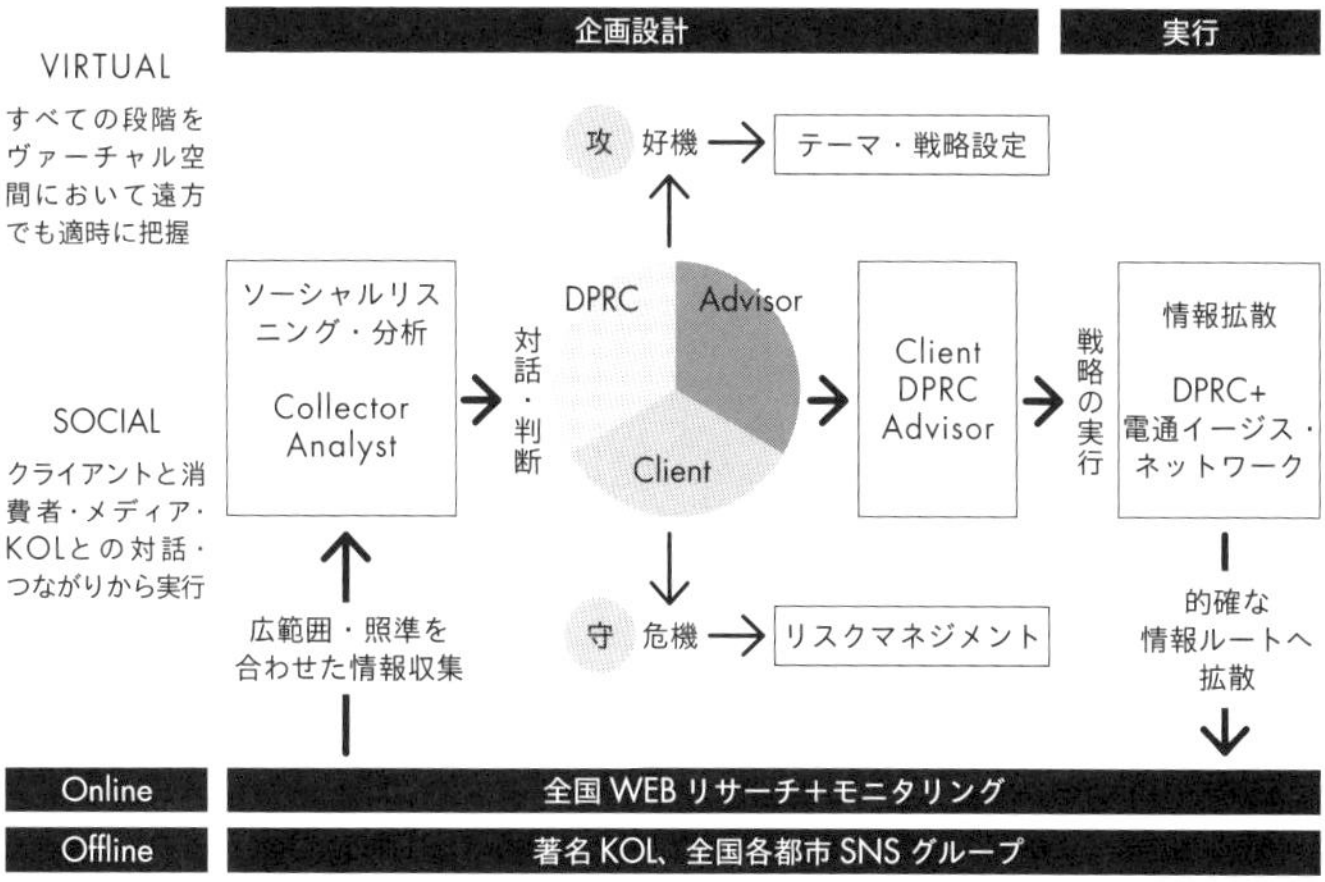

Dialogues（社会とクライアントとの対話）、Defense（危機に備えた万全な防御）のこと。プロモーションと危機管理を統括的にマネジメントしていきます。その特徴として次の2点があります。

★ソーシャルであること

専門アドバイザーと共にクライアントと消費者・メディア・KOLとの対話・つながりを実現し、口コミプロモーション効果の最大化と危機を最小限に管理する体制を完備しています。

★ヴァーチャルであること

分析・判断・設計から実行・経過・結果まで、すべての段階がWEB上のヴァーチャル空間において遠方でも手に取るように見えるシステムです。

具体的には、まず口コミ評価に関する膨大なデータを収集・分析し状況を把握。攻めの機会と危機の状況を判断し、クライアントと専門アドバイザーとともに戦略設計。その戦略に基づき、信頼性の高いKOL、SNSなど電通公共関係顧問（北京）と電通イージス・ネットワーク（電通グループの海外事業運営全般を統括）のソースに対して情報を発信、

プロモーション効果の最大化を図り、このサイクルを循環させ、口コミの発展状況、マイナス情報の発生などをWEB上で随時把握しています。

ひと言でKOL、SNSを通じた口コミプロモーションといっても、こうしたレピュテーションマネジメントシステムの下、危機管理体制も踏まえたトータルプロモーションを実行できているものは、まだ多くありません。今後コミュニケーションの多様化、複雑化に伴い、インバウンドにおけるプロモーションも単純なKOLとの対話からこうした戦略的なトータルプロモーションが求められてくると考えられます。

ウィーチャットが時代遅れになる日が来る!?

このように、情報収集・伝達ツールとして中国人に重用されているSNSですが、普及したのはつい最近のことです。2009年にウェイボーがサービスを開始し、これが契機となっています。ウェイボーは、2016年8月現在、月間アクティブユーザーが約2・8億人。このウェイボーによって成長軌道に乗ったSNSは、2011年にサービスを開

始したウィーチャットによって、中国人のライフスタイルに決定的な影響を及ぼすようになりました。

ウィーチャットは、月間アクティブユーザーが約7・6億人（2016年6月）。SNSとしてのコミュニケーション機能に加えて、銀行口座と連動したモバイル決済機能（ウィーチャットペイ〈微信支付〉）も備えているため、いわば財布代わりに使えることから、幅広い層に支持されています。

スマホを活用した支払いやプリペイド方式の電子マネーは日本でも利用されていますが、中国ではケタ違いの人たちのあいだにモバイル決済が普及しており、利用者は約4億人といわれます。日本の人口が約1・3億人ですから、その3倍の人たちが利用していることになります。中国のスケール感には驚くばかりです。

スマホで簡単に支払いができるオンラインサービスは、検索サイトの「バイドゥ（百度）」や、ECサイトを運営するアリババの「アリペイ（支付宝）」もありますが、ウィーチャットがサービスを開始したことで、中国の若者たちのあいだに爆発的に広まりました。コンビニや小さな飲食店、屋台などでも利用できるケースがあるため、若い世代には、現金を持たずに、すべての支払いをウィーチャットで済ませてしまう人が少なくありません。

わずか5年のあいだに、ウィーチャットは中国人の生活に深く根を下ろしたわけですが、マーケティングの分野にも変革をもたらすことになりました。前述のように、ＳＮＳによる口コミの存在価値が飛躍的に高まったことで、情報拡散から逆算したＰＲ戦略とコンテンツ設計は、もはや必要不可欠なものです。また、広告とＳＮＳの双方を掛け合わせることで、相乗的なプロモーションも期待できます。

こうしたことから、中国ではＳＮＳによる情報拡散を念頭に置いたＰＲ活動を主軸とし、インバウンド誘致についても、まずはＳＮＳの活用を検討すべきです。日本滞在中の観光客に対しては、たとえば店頭で商品の良さをアピールして、帰国してから「買って良かった」という情報を流してもらうような工夫をすることも大切です。

商品の販売を狙うのであれば、まず購買層やターゲットをしっかりと調査すべきです。対象が若い女性なのか、家族なのか、そのような違いによって、それぞれに情報発信のコンテンツや手段が違ってくるからです。

ともかくも、日本の地方都市がインバウンド誘致を行う場合、中国人の目で見た第三者目線をコンテンツ化して、ターゲットに合わせて情報発信する必要があります。中国の現状を考慮すれば、日本人だけで対中国の情報戦略を構築することには限界があります。それゆえに、中国における消費者のリアルな状況やソーシャル・ネットワークの事情などを把握しているコミュニケーションの専門家が情報発信のサポートを行い、日本側でこれをフォローするような仕組みづくりが大切であることから、日中間での複合的なコミュニケーション戦略の連携が求められます。

中国のネット社会は、ウェイボーやウィーチャットが登場したことで、わずか数年のあいだに大きな変貌を遂げました。実をいえば、中国のPR会社も、こうした変化を必死になって追いかけているのです。漫然としていたら、時代に取り残されるという危機感さえ抱いています。

ものすごいスピードで変化している中国社会ですから、これからウィーチャットなどに代わる何か新しいツールやインフラが登場することも十分に考えられます。いまは飛ぶ鳥を落とす勢いのウィーチャットですが、近い将来、このウィーチャットが時代遅れのツールになる日が来ないとは限らないのです。そうなったときに慌てないためにも、中国での情報発信に取り組む場合、中国のコミュニケーションの専門家の手を借りることは一考に値します。少なくとも、サイトに中国語版を加えるとか、単に羽田空港に看板を出すなどの対症療法では十分な効果が見込めないことだけは明らかです。

POINT

若い世代が、インバウンド消費を牽引。キーワードは、「癒やし」「安心」「高品質」「健康」など。

中国はネット社会。SNSを活用して、影響力のあるKOLを通じた情報発信・情報拡散がPRにおける戦略設計の基本。

中国デジタルPR事情レポート1

巨大ガラパゴス？　それとも次代の先駆者？
手法から読み解く中国のコミュニケーション最前線

電通パブリックリレーションズ 関西支社 PRプランナー 池田愛之

プロモーション領域はWEB起点に

２０１６年5月、北京市の地鉄（地下鉄）に乗ると、多くの場所でＯＯＨ（交通・屋外広告）を見かけました。エンターテインメント分野の広告がたくさんあると思いつつ、ある番組宣伝の広告に目をやると、ＷＥＢ動画サイト「ヨークー（優酷）」配信と記載されています。意識してほかの番組の広告を見ると、今度は別のＷＥＢ動画サイト騰訊視頻（ＱＱｖｉｄｅｏ）の案内がありました。

中国の大手ＩＴ企業のひとつ騰訊（テンセント）が行った、若者世代のデジタルメディアへの接触調査「90后社交網絡喜好報告」によると、消費の主役になりつつある若者世代（90年代以降生まれ）は、ほぼ終日デジタル領域で情報収集、購買、エンタメ視聴などを完

結している、というデータがあります。メディア事情については後述しますが、実際、北京を訪れると、中国のコミュニケーション、情報発信の舞台がWEBに大きくシフトしていることを実感せざるを得ませんでした。

WEB領域の拡大が著しい中国では、企業のプロモーションにおいてもリアル・ネットを融合させた活動が多く行われています。日本と共通な点も数多くある一方で、独自の進歩を遂げた「H5」や「KOL／網紅」といったツール、手法もありますので、次に紹介します。

プロモーションから取材の案内までこなすプラットフォーム「H5」

通常、企業・団体の情報受け皿としてキャンペーンサイトやブランドサイトを想像する人は多いと思いますが、中国では独自の「H5」というツールが多く使われています。H5は企業の公式アカウント（ウィーチャット、ウェイボーなど）を通じて、フォロワーに配信されるブランドやキャンペーンを紹介するページですが、ただ紹介するだけではなく、動画の埋め込みや発表会などの中継といったコミュニケーションにも用いられ、またユーザーも良いデザインのH5を積極的にSNSでシェアする傾向があり、話題の広がりに影

響することもあるといいます。さらにメディア・ＫＯＬに対しても、リリース機能や取材案内状といった機能を付加して発信されるなど、各ステークホルダーとのコミュニケーションにおいて広く活用されています。

おもしろければ「いいね！」　絶大な影響力を持つＫＯＬと網紅

デジタルプラットフォームを活用する中で現在、最も影響力・発信力のある存在があります。ＫＯＬと網紅（ワンホン）という著名人です。ＫＯＬはデジタルメディアで活躍する専門家や有識者、タレントなどで、日本で言うＫＯＬ（Key Opinion Leader、専門家）にタレントの個人アカウントを混ぜたような感じに近いです。一方、網紅は個人のソーシャルアカウント（自媒体）を起点に影響力をつけていった人たちで、日本でいうインフルエンサーやユーチューバーに近いです。彼ら彼女らの影響力はマスメディアを大きくしのぎ、ＫＯＬのひとり、華流スターの陳坤（チェン・クン）のウェイボーアカウントは８０００万人のフォロワー、ひとつの発信で数千のコメント、数万の「いいね！」が押され、また著名な網紅のひとりＰａｐｉ醤（パピ・ジャン）の自媒体広告枠が２２００万元で落札されるほどです。

情報は自分で判断　中国人のメディア観

デジタルとの融合が進んでいる背景には、中国のメディア事情もかかわっています。広大な国土に住む13億人もの人々に、一律で情報を届けるのは困難といったことが挙げられます。最大手のテレビ局ＣＣＴＶでも基本のチャンネル数が16、有料放送で21、海外放送が13、全部で50チャンネルあり（日本の全テレビ局が約１００局なのに対し、中国は２０００以上と国内だけでも数多くのマスメディアがありチャンネル数も数千ある）、従来のマスメディアによるリーチよりも、デジタルを活用するほうが効率よく情報が届きます。また歴史的な点から、国民のメディアに対する信頼は決して高くはないことも挙げられます。中国共産主義青年団の機関紙「中国青年報」が２０１６年に行った調査でも、メディア報道を信頼している層は半分にも満たない結果となっています。人々は、受け取った情報を自分で吟味し、取捨選択するという意識が強く、ある意味で日本よりもメディアリテラシーが高いようにも取れるのです。現地のある中国人から聞いた「発信された情報がプロモーション（広告）であるかどうかは関係ありません。自分にプラスになり、かつ正しい情報かどうかです」という言葉が、メディア（情報）に対する意識を物語っています。

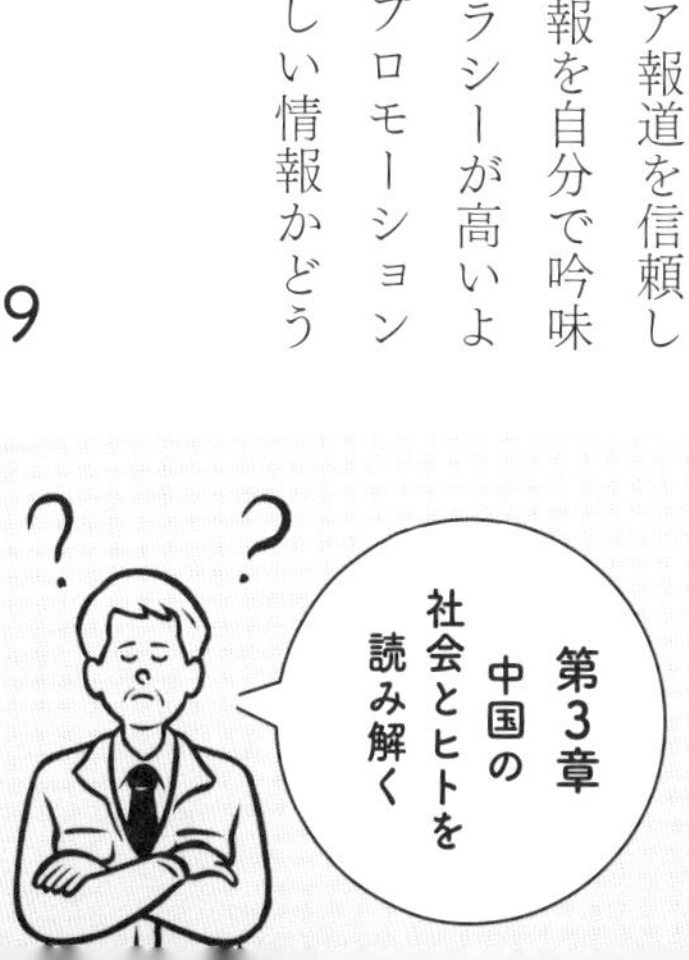

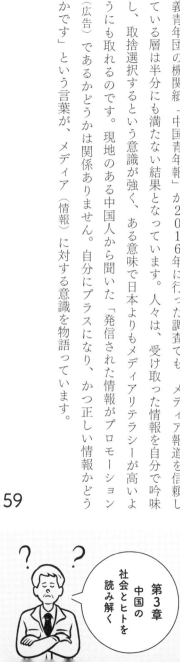

コンテンツの真価が問われる

元ＣＣＴＶのプロデューサーが語ったこんな言葉があります。「（中国の）コミュニケーションにおいて大切なことはデジタル。それとユーザーとのコミュニケーション。ＰＲパーソンはメディアだけでなく、いろいろなことを総合的に知っておくべき」。新たなテクノロジーが日々生まれ、ＫＯＬ、網紅という強大な発信主体があり、情報の価値を吟味するユーザーがいます。現地のコミュニケーション事情や話を聞く中で改めて感じたことは、コンテンツづくりの重要性でした。

実施するコミュニケーションに沿わせるツールで、企業・個人に関係なく、「誰に」「どのような」メッセージを伝え、「どうなって」ほしいのか。また発信主体が「どうあるべきか」を吟味し、最適なコンテンツ・手法を選択していかなければなりません。

コミュニケーション手段が日々変わっていくいまだからこそ、ＰＲの原点にある関係性づくりに立脚したコミュニケーションが大切だと、北京で改めて考えさせられました。

第4章
コミュニケーションの誤解を解き、未来志向へ

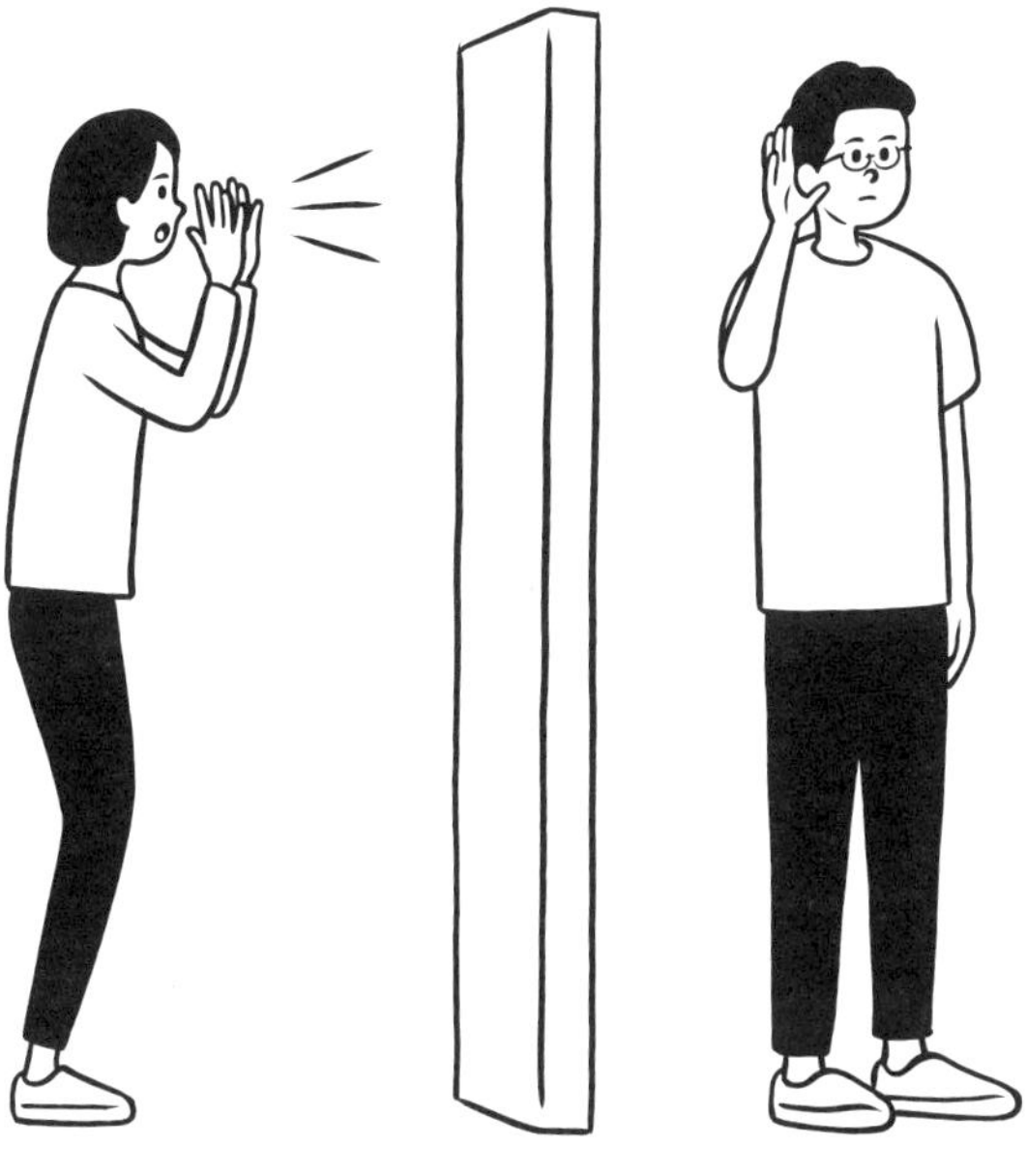

4-1

異文化コミュニケーションに対する理解力を高める！

文化的な背景が異なる日本と中国。両者のあいだにあるコミュニケーションのギャップを認識するとともに、中国人インバウンドの将来を占います。

グローバル化する「70后」以降の世代

現在、日本と中国のあいだに、政治的な緊張がないとはいえません。多くの日本人が、「中国人は反日感情を抱いているのではないか」と思っているのも事実でしょう。しかし、これは多分にメディアの報道などに影響され、ただ「そう思い込んでいる」だけなのかもしれません。

かつて、日本製品の不買運動が起こった際、地元の中国では、日本で報道されていたほどの過熱した状況にあったわけではなく、多くの中国人はむしろ冷静に判断し、日本製品を普通に使っていました。

中国では、1970年代生まれの人たちを「70后（チーリンホウ）」、80年代生まれと90

年代生まれをそれぞれ「80后（バーリンホウ）」「90后（ジューリンホウ）」と呼んでいます。70后以後の世代は、中国の「社会主義市場経済」の発展とともに成長してきた人たちであり、資本主義国の日本人や欧米人とそれほど変わらない消費文化の恩恵を受けています。

この70后以後の世代は、すでに中国の全人口のうちの多数派となっています。そして、この世代は、どちらかといえば日本に対して親しみを感じているといわれています。なぜ、彼らが日本に対して親近感を持っているのかといえば、ひとつには漫画やアニメ、映画、テレビドラマなどの文化的な影響によるものです。

70年代生まれの中国人の多くは、子どものころに、『一休さん』や『ジャングル大帝』などのアニメをはじめ、山口百恵のドラマなどに夢中になっていたといいます。80年代には『幸福の黄色いハンカチ』や『君よ憤怒の河を渉れ』、『おしん』などの映画・ドラマが中国でも公開され、人間味あふれるストーリーが、日本へのあこがれや親しみを醸成したようです。

80后や90后は、まさにアニメ世代であり、『ドラえもん』や『クレヨンしんちゃん』、『ワンピース』、『ポケットモンスター』などを見て育った人たちです。日本のアニメは中国の動画サイトで見ることができるので、日本国内の同世代とほぼ同じ体験を共有してい

るといえます。アニメに関しては、日本人以上に詳しい中国人も少なくありません。日本同様にアニメの声優は中国でも大人気で、訪中すると大歓迎されます。アニメを見て日本語を勉強しようと志す人もおり、アニメが日本の好感度アップに果たしている役割は相当なものです。

最近は、嵐やＡＫＢ48といった人気アイドルの影響も無視できません。中国の若者にとって、秋葉原は訪日旅行に欠かせない目的地になっており、そのお目当てのひとつが「ＡＫＢ48劇場」なのです。嵐の人気も大変なもので、ある中国人女性の場合には、年1回行われる嵐とファンの集いのために、わざわざ飛行機に乗って日本にやってくるほどです。

もちろん、中国の若者が、こうした日本のタレントに関心を示すのは、過去の歴史とは関係なく、自分自身の価値観と物差しで、「いいものはいい」と判断しているからなのです。日本の漫画やアニメも完成度が高いので、自分の価値判断に合致すれば、おのずと熱烈なファンとして根付いていくわけです。

また、中国人は、合理的にモノを考える民族なので、たとえ国家間に政治的な緊張があっても、それが自分にとってどのような意味があるのかを問います。日本という国がどうであれ、品質が良ければ日本製品を使うし、自分が好きであれば漫画やアニメも見るので

す。日本が好きか嫌いかではなく、たまたま自分の求めるものが日本製品だったということです。それを自分の基準で判断しているわけです。

結局、現代の中国において、消費の中心をなしている層は、過去の歴史にとらわれていない、グローバルな視点を持っている人たちです。こうしたことを考えれば、インバウンドで中国人観光客を取り込む場合、反日感情などを心配して神経質になる必要はないといえます。ただし、日本と中国では、文化的な背景が異なるので、その意味において、コミュニケーションのギャップが発生する可能性は十分にあります。この章では、体験型観光が日本の各地域へ拡散していくことも踏まえ、トラブルなどを未然に防ぐためにも、日本人と中国人のメンタリティの違いなどについて考えてみます。

人に対する「距離感」の微妙な違い

日本人と中国人では、人と人との付き合いの距離感が違うと思うことがあります。中国人がよく指摘するのは、「もてなし」に対する温度差。たとえば、日本人が仕事や観光で中国に行くと、迎え入れる中国人の知人は、一緒に食事をし、遊びにも付き合い、移動の

際には自分の車さえ提供します。すべての中国人がそうだとは言いませんが、何もかも自分持ちで「もてなし」をすることを当然だと思っています。

一方で、中国人が日本へ行った場合、日本人がそこまで歓待するケースは少ないでしょう。だからといって、もてなす気持ちがないわけではありません。日本のほうが物価が高いので、気前よく散財できないという事情もあるでしょうし、あるいは相手が負担に感じないように気をつかっているという可能性もあります。したがって、一概に比較はできないのですが、「もてなし」ひとつをとってみても、このように付き合い方に違いがあることを知っておく必要があります。

この距離感の違いは、「貸し」や「借り」をつくるという場面にも見られます。中国人が友人同士のあいだでご馳走したとします。ご馳走された友人は、すぐに何か返礼をすることはしません。このことを覚えておき、しばらくたってから恩を返すようにします。

一方、日本人は、なるべく時間を置かずに返礼をします。相手に負担をかけないようにという配慮があるのでしょう。割り勘も同じ考えだといえます。中国人は、誰か一人が支払ったら、とりあえず恩義に感じて、その場を収めます。それが情で結びつくということにもなるのです。その代わり、いつか必ず恩義に報いるという考え方をします。

ですから、中国人は、お土産に対して返礼などを期待していません。ところが、日本では隣近所にお土産を渡したら、すぐに応答品が返ってきます。しかも、渡したお土産よりも少し値段の高いもののことがあります。お土産を渡したことが迷惑だったのかと思って、恐縮してしまうこともあります。ある在日中国人女性は、「自分が日本人から何かをもらったときに、すぐにお返しをしなかったら、それは失礼になるのではないかと心配になる」と話していました。

インバウンドにおける大量購入という行為も、何らかの恩義に報いるという側面があるのでしょう。日本に行って買い物をする人は、誰かに頼まれて商品を購入したり、あるいは、友人知人、会社の同僚へのお土産として購入しているケースが少なくありません。そのようなことを通じて、人間関係を温めたり、ネットワークを築いたりしています。

中国人は、人と人との関係を長いスパンで見ているのでしょう。恩を感じ、情があることによって、人間関係を担保しているという見方もできます。日本人は案外、人間関係を割り切って考えているともいえます。

「鷹揚さ」や「気配り」の視点に民族性の相違

隣人とのトラブル処理でも、日本と中国では違いが見られます。たとえば、集合住宅の上階で子どもが部屋を走り回って騒々しいとき、階下の人の反応が日本と中国では異なるのです。中国であれば、下の人が飛んできてドアをドンドンと叩き、文句をまくし立てるか、棒で天井を突っつっいてきます。日本の場合、階下の人は管理人に連絡し、管理人から注意してもらうようにします。

中国人の場合、直接に文句を言っても、あくまでそれはトラブル処理であり、悪感情が後に残ることはあまりありません。日本人は、先々のことまで考え、婉曲にクレームを伝えることで、当事者間に感情的なしこりが残らないように配慮しているのでしょう。

何が迷惑なのかを判断する感覚も違うようです。北京の地下鉄の車内では見慣れた光景なのですが、中国人は周囲を気にせずに大声で話をしています。それを咎める人もいません。日本人は、車内では静かにすることが当たり前だと考えています。他人に迷惑をかけないことを行動規範にしており、周囲に対して配慮します。その点、中国人は鷹揚だといえるでしょう。

日本で暮らしていると、社会が協調や調和を求めていると感じることもあります。たとえば、小学校では、先生がみんなと協調して団体行動をとるように注意していますし、運動会も競い合うことよりも、みんなで何かをやることに重点が置かれています。中国の運動会では、誰もが1等賞を取るために、必死になって競い合っています。

「空気を読む」ことができるのは日本人だけ？

かつて、場の雰囲気が分からない鈍感な人を揶揄して、「KY」という言葉が日本で流行語になりましたが、日本人は一般的に「空気を読む」ことに気をつかいます。やってはいけないことは、あえて言わなくても分かるはずだと、日本人は当然のこととして考えています。いかに他人に迷惑をかけないようにするかという点についても、自分で察して行動することが求められます。島国である日本は、ある意味では閉じた社会であり、これも影響しているのでしょう。あうんの呼吸や以心伝心で相手の気持ちを読み取る気配りが尊重され、それで社会が成り立っているともいえます。

日本はどちらかといえば、このような同質性を求める傾向があり、それができる条件も

揃っています。一方、中国は多民族国家であり国土も広大なので、何につけてもバラエティに富んでいますが、それゆえに同質性を目指すことには無理があります。「空気を読む」とか「あうんの呼吸」などといった心の機微は、まず通用しないと考えたほうがいいでしょう。

　コミュニケーションのギャップについて考える場合、両者が交流する際に基準をどこに求めるかが鍵になります。どのような民族にも、何が行動規範に反するかという基準があります。したがって、その基準が、日本人と中国人では必ずしも一致しないということには留意しておくべきです。

　自分たちの基準を標準的なものと考えて、他者を見てしまうケースは往々にして起こります。そうなると、結果として、コミュニケーションのギャップが生じることになります。これは、誰もが陥りやすい問題です。

　異文化を理解することにおいて大切なのは、やはり相手の立場に立って考えるということでしょう。それぞれの文化において基準となるものが違います。たとえば、日本人は「空気を読む」ということを重視しますが、中国人は「大目に見る」という性向があります。違う人間や異なる文化があっても、「違いがあるのは仕方ない」と割り切って許容し

てしまうのが中国人なのです。

個人を律する基準はどこの国でも同じ

文化や民族性によって行動規範の基準に違いがあることは、お分かりいただけたことでしょう。その一方、すべての基準が完全に違うということはありません。以前、日本で中国人観光客が自転車を無断借用して問題になったことがあります。他人の自転車を盗んで乗り回すことが犯罪行為であることは、万国共通です。もちろん、中国でも許されることではありません。

国や民族性による基準と、人間個々に対して普遍的に適用される基準は別で、一人の人間に対する基準はどこの国や地域でも変わりません。中国人が自転車を盗んでいるわけではなく、一人の不心得な人間が盗みを働いているということです。「他人の自転車を盗んで使っても構わない」という考え方が中国人にあるわけではないのです。

実際、人間を個人レベルで見れば、国柄などではあまり差異はありません。日本人は物静かだという印象を持っている中国人は多いですが、居酒屋で陽気なビジネスマン風の人

たちを見た中国人旅行者が、「日本人もこんな大声を出すのか」と驚いたといいます。中国人も日本人も同じではないかと、いい意味で認識を改めたそうです。文化的な差異と共通の倫理観があることを踏まえて、外国人に接していくことは重要なポイントです。

また、信頼関係を大事にするのであれば、自分がしてほしいことを、まず相手にしてあげることです。会話をしてほしいと思ったら、自分のほうから話しかけるべきです。褒めてほしいのなら、相手を褒めてあげる。真心で付き合ってほしいのなら、自分から率先して真心を示す。まず自分から行動を起こすことが重要です。

そして、中国人が最も嫌うのは、信頼が裏切られることなのです。そのような目に遭ったとき、もう二度と付き合わないと決めて気持ちを切り替えることができる人もいますが、もっと過激な態度に出て、相手を攻撃することもあり得ます。

インバウンドにおいても、「信頼」と「裏切り」は重要なキーワードです。訪日観光には、「安心」「安全」「癒やし」「健康」などというセールスポイントがありますが、こうしたものへの期待が裏切られたら、中国人はひどく感情を害することでしょう。その点は、インバウンド・ビジネスのリスクとして留意すべきです。

中国人が人間の資質として最も重視するのは、「真誠」というものです。日本語で言え

ば、「誠実さ」です。それゆえに、訪日中国人観光客としては、日本人の「誠実さ」に期待するところも大きく、楽しみにしていた訪日旅行で日本人に裏切られると、余計に落胆してしまうのです。

日本人と中国人の間にあるコミュニケーションのギャップを突き詰めていくと、お互いに不信感を持っていることが最大の問題ではないかという気もします。中国人には、日本人が本音で語っていないと思っているふしがあり、日本人のほうも、中国人が嘘をついているのではないかと疑心暗鬼になっているきらいがあります。もし、うまく付き合っていけないとすれば、こうした不信感が障害となっている可能性があります。

中国に赴任する日本企業の社員の中には、コミュニケーションを得意としない人が少なからずおり、多少コンプレックスを持っている場合があります。本音が分かりづらいというのは、こういうところにも原因があるのでしょう。

しかし、日本人は、そのようなコンプレックスを感じる一方で、アジア人に対する優越感を持っていると言われており、中国人から見た場合、理解に苦しむところがあります。コンプレックスも優越感も、異文化コミュニケーションには邪魔なものでしかありません。謙遜の心と敬意を持っていれば、気持ちは相手に必ず伝わるものです。相手を信頼すれば、

相手からも信頼されます。

4-2 インバウンド・ビジネスの将来性

信頼できるパートナーと組むことが成功のポイント

日本の各地方でも、インバウンドへの取り組みが盛んになっており、ホームページに中国語版を加えたり、知事や市長が中国へ売り込みに行ったりと、積極性を見せています。中国の現状に通じている場合、ネットの重要性に着目し、SNSのアカウントを取得して情報発信しているところもありますが、ただ情報を流すだけで、必ずしも効果的に活用できているとはいえないケースもあります。

そこで、中国に精通した人を探してきて、アドバイザーとしてプロジェクトに参加してもらうケースも出てきます。ところが、これが事態をもっと悪くしてしまうことがあるの

です。要するに、中国通といっても、内実に大きな違いがあるということです。たとえば、中国語ができるというだけで、手近な留学生にコーディネーターを依頼することもあるようですが、仕事の専門性を考えれば、頼まれる留学生も気の毒です。

海外におけるパートナーの重要性は認識していても、日本国内でのパートナー選びについては、案外、不用心なところがあるといえます。ともかくも中国通や中国人をパートナーに選べば安心だと思ってしまいがちですが、これは大変な間違いです。細心の注意をもって、相手を見極めることが重要になります。単に中国語が堪能などという表面的なことばかりでなく、人柄なども吟味すべきでしょう。そうしないと、頼るべきパートナーが最大のリスクにもなりかねません。

中国人に向けて情報発信をするという大前提があるのなら、ＰＲ分野の専門家を信頼して任せてしまうという度量も必要でしょう。「餅は餅屋」ということがあります。もし、業務の進行に不安があるのなら、「この目標を達成してほしい」と明確なＫＰＩを提示するのです。

もちろん、失敗を避けるに越したことはありませんので、まず1年くらいのスパンで専門家に任せてみてはいかがでしょうか。中国でのＰＲを仕掛けてみて、その結果によって

次のステップをどうするか判断すればいいのです。失敗しないようにという気持ちが強いと、準備や根回しに時間がかかってしまい、いざ実行となったときには、遅きに失するということにもなりかねません。なにしろ、中国のビジネスシーンは展開が早いので、中国相手の事業にはスピード感が非常に重要なのです。

ただし、専門家を選ぶ際にも、それなりの注意が求められます。最近は、ＳＮＳによる情報発信が注目されるようになり、中国での情報拡散を格安で請け負うというサービスが見受けられます。こうしたサービス業者の場合、コンテンツの特徴を理解して、クライアントの目線で戦略を立案してくれるわけではありません。ＳＮＳでの情報発信を、コストを抑えて単にパッケージ化しているだけなので、狙ったターゲットに情報が届く確率はかなり低くなります。やはり、個別の事情に合わせて、きめ細かな戦略設計ができる専門家のほうが信頼性が高く、確かな結果が期待できます。

それから、インバウンド・ビジネスの担当者は、中国の現場を見ておくべきです。実際に行ってみなければ、どのようなビジネスチャンスがあるのか、実感できません。日本国内から情報収集しているだけでは机上の空論になってしまいます。可能であれば、１カ月くらい中国に滞在して、いろいろなものを見たり聞いたりしてみることです。２泊３日く

らいの視察旅行では、中国の実態はなかなか分からないものです。

また、数年先を見越して、いまからインバウンド担当の人材育成も図るべきでしょう。中国の事情をよく理解し、PR関係の知識を持った人材を自前で抱えることにより、インバウンド事業は格段に安定します。こうした人材が人脈や業務のネットワークを広げていけば、パートナー選びも的確に行われるはずです。

中国人インバウンドの将来はどうなる？

ここまで何度も申し上げてきましたが、中国人インバウンドの拡大については、ビザの発給要件の緩和にかかっています。近いうちに、日本政府がマルチビザに関する緩和政策を打ち出すのではないかという観測があります。期間を限定したビザ免除の可能性もあります。ビザの発給要件が緩和されれば、週末に気軽に訪日するということも可能になり、それだけ大都市から地方へ観光客を誘致する動きも活性化されるはずです。

また、ひとつの案ですが、戦略特区として北海道で中国の免許証での自動車の運転を認めたり、沖縄でレンタカーを借りて運転することができるようになれば、北海道や沖縄へ

の旅行はさらに幅が広いものになることでしょう。
ただ、日本は地震国なので、もし、大きな地震があれば、訪日中国人の増加に一時的な歯止めがかかるおそれもあります。また、政治面での不安要素もあり、今後、政治的な事件が発生すれば、中国の旅行会社がツアー旅行の販売を自粛してしまう可能性があります。もっとも、メディアで話題が沸騰している期間、たとえば半年くらいは訪日観光が停滞する懸念がありますが、長いスパンで見れば、また元に戻ると考えられます。

いずれにしても、２０２０年に外国人観光客を年間で４０００万人誘致するという目標は達成できるでしょう。おそらく、このうち半分は中国人になるはずです。２０３０年には６０００万人を誘致するという目標ですが、このうち中国人は４０００万人くらいになる可能性もあります。

中国国家旅游局によれば、２０１５年に海外旅行をした中国人は1億人です。今後5年間で、年間6億人に達するだろうとの予測もあり、この伸びを考えれば、訪日中国人の増加はまず間違いないところです。

中国で暮らしている人の話では、中国人の海外旅行者数が増えていることは実感として伝わってくるといいます。年の瀬になれば、海外へ旅行に行くという話をよく耳にするそ

うです。上海や広州の空港では、春節近くになると出国する人が一気に増えるようで、ふだんの5~6倍に跳ね上がっているのではないか、とのことです。国内の観光地の混み具合がひどく、「外国に行ったほうがいい」という声も聞かれるといいます。国慶節や春節という大型の休暇を取ることができる時期には、国内旅行ではなく、海外へ行く人が確実に増えているようです。

また、5年後、10年後となれば、中国人インバウンドは、量ばかりでなく質の面でも当然、変化すると考えられます。まず、グローバルな視点を持った若年層の訪日旅行が増え、旅行のニーズが多様化することは間違いありません。リピーターが格段に増えて、インバウンドが地方へ広がっていくことは十分に予想されます。

ただし、いま、世界各国が中国人観光客を呼び込もうと躍起になっています。中国人にとって、日本は一度は行ってみたい国なのですが、一度の訪日で満足して次は別の国へ目を向ける可能性もあるわけです。したがって、リピーターを日本の各地方へ向かわせるには、それなりに魅力を知ってもらうことが必要となります。取り込みのための努力を怠っていれば、リピーターは日本の地方へは来てくれないでしょう。このような危機感を持ち続けることも、インバウンド・ビジネスに取り組む場合には大切になります。

匠の心を求めて、日本に学ぶ中国政府と企業家たち

近年、日本の地方を訪れ日本の地域振興に学ぼうとするツアーも目立ち始めています。学びの場を求めに日本へ訪れる動きは、訪日旅行を促す流れとして注目しておきたいものです。

約300年前から続く合掌造りの集落が保存されている岐阜県・白川郷は、中国人が視察に訪れている場所のひとつ。日本有数の豪雪地帯にあり、独特の村落文化を発展させてきた白川郷は、冬の厳しい降雪にも耐えうる茅葺き屋根の家屋、地域原産の木材を用い釘を一本も使わない建築方法、屋根の葺き替え作業は村人が助け合って行うなど、昔ながらの伝統を守った集落を運営し世界遺産にも登録されています。景観条例を制定して集落の従来の形態を保ち、合掌造りの家屋を宿泊施設や博物館として一般に開放したり、周辺の商店街では地域の特産物や工芸品を販売して観光地化させることに成功。2015年には年間170万人もの観光客が訪れています。

観光開発の一方で、従来の農業との共存も成功させています。地元産の農作物や加工品を観光客に提供したり土産として購入してもらうことで地元の農業経済にも潤いをもたら

しています。

中国の投資家、企業家、政府関係者もまた、こうした伝統的な集落存続を維持させながら地域の観光地化という付加価値を生み出すことに注目しています。これまで彼らは、同様の取り組みをしていた台湾に学びの場を求めていました。しかし実は、台湾もまた日本の取り組みに学んでおり、これからは直接日本に学ぼうという姿勢に方向転換が始まったのです。

白川郷のような地域振興に成功した例は、新農村建設に取り組む中国の地方政府や企業家そして投資家たちにとって大いに注目すべき事例となります。実際に電通公共関係顧問（北京）と交流の深い、中国のテクノロジービジネス領域において最も力のあるビジネス誌のひとつである『商業価値』の総経理も、中国の政府高官や企業家らとともに白川郷を視察に訪れ、高官たちが日本の地域振興やビジネスモデルに関心を寄せ、ノウハウや知識を熱心に吸収している姿を目の当たりにしたそうです。

地域振興以外にも、中国の著名企業家が日本の匠の精神を学ぶスタディツアーを実施したり、中国のビジネススクールが日本の特色ある企業を訪れ、そのビジネスモデルを吸収しようとしています。こうした動きを見てみますと、モノ消費から体験を中心としたコト

消費へと移行している中国人インバウンドは、今後、さらに進んで日中両国の政府間・企業間における業務の提携先や新たなビジネスチャンスの模索といった、次なるうねりを生み出す可能性を秘めています。

電通公共関係顧問（北京）では、こうした流れに先手を打つために『商業価値』とより具体的な提携を進めています。彼らは雑誌メディアにとどまらず、大勢の企業家や投資家のリソースを有するネットメディア「タイメイティー（鈦媒体）」を持っているのが強みです。今後、多くの企業家や投資家をターゲットとする同誌とリソースやノウハウを共有することで、「日本に学びたい」企業や中国政府と日本の地方との架け橋になることを目指しています。

これからの日本は、インバウンドを抜きにして語れない時代になることでしょう。4000万人、6000万人という外国人が日本を訪れるという、過去に例を見ない事態を迎えることになります。そのとき日本がどうあるべきか。これは、日本人一人ひとりに対して投げかけられている課題ではないでしょうか。

国の施策をめぐる問題は、個人レベルでは如何ともしがたいのですが、コミュニケーションのレベルにおいては、いろいろな角度から、今後のインバウンドに向き合い、大いに

貢献することができます。

POINT

日本人と中国人のメンタリティの違いを理解することが、インバウンド誘致を推進するには不可欠な視点。
中国の事情、コミュニケーションに精通したPRの専門家をパートナーにするのも、ひとつの手段。

中国デジタルPR事情レポート2

13億人を動かすべく奔走する、中国のデジタルPR

電通パブリックリレーションズ コンテンツディストリビューション部 PRプランナー　新井健太

中国のデジタル事情に不安を抱いて北京へ

北京を訪れる前、私は中国のデジタル事情に関してこんな不安を抱いていました。一番大きな不安点は、グーグルのサービスが使えないこと。東京ではネット検索をしてユーチューブを閲覧、グーグルマップを頼りに目的地にたどり着く、航空券を購入するとGメールでEチケットが届き、自動的にグーグルカレンダーにフライトの予定が入る、というように、私の日々の生活の中でグーグルのサービスは欠かせないものとなっています。そしてソーシャルメディアに関しては、フェイスブックを公私ともにメッセンジャーツールとして活用し、インスタグラムでファッショントレンドを追いかけ、ツイッターで業界トレンドやニュース収集をしています。PCやスマホはアップルIDもしくはグーグルアカウントで連携、ドロップボックスやワンドライブを介してデータもすべて同期されます。デ

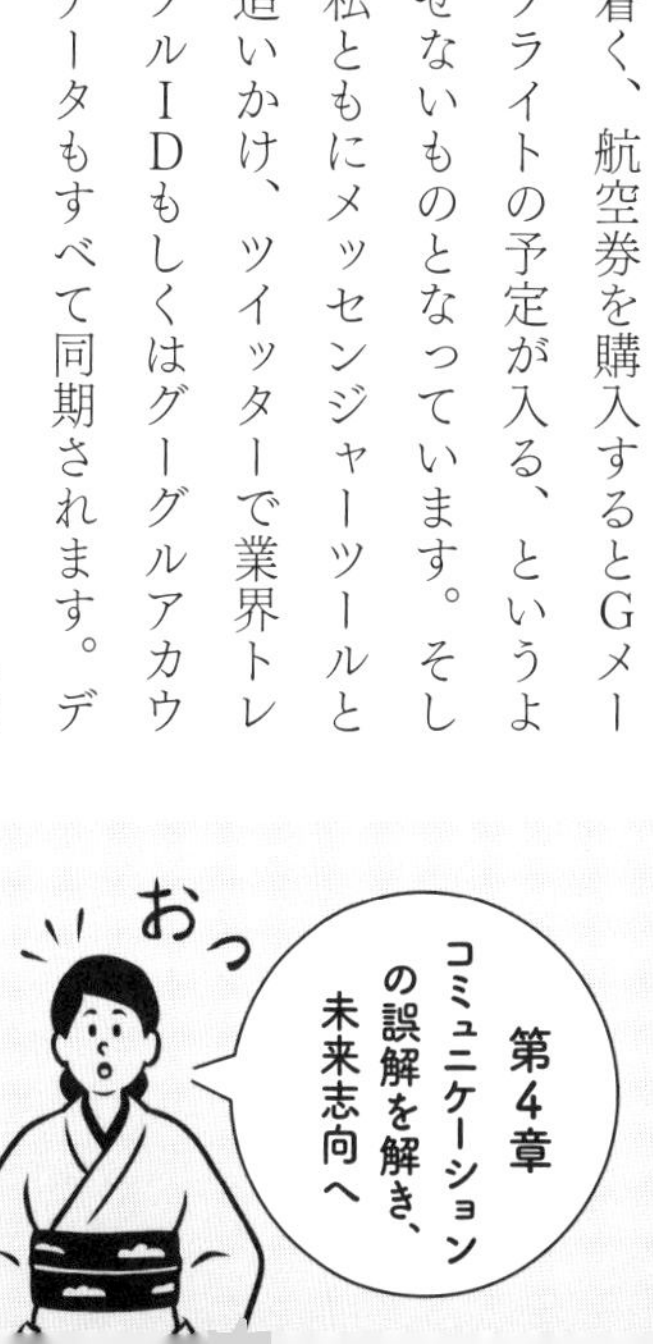

ジタルデバイスなしではもはや成り立たないような生活を送っている私の情報収集機能は、北京に行ったとたんに崩壊してしまうと考えたわけです。実際は日本のモバイルキャリア経由でのアクセスにより、崩壊は免れましたが。

さて、本題に入ります。おそらく私は、日本ではそれなりにデジタルを使いこなしているほうのクラスタだと思います。では中国では、私のような生活をしている人はいないのでしょうか？　答えは明確にノーです。北京に行って分かったことは、私などはまだまだ、デジタルを使いこなせていないほうのクラスタだったのです。

中国のデジタル市場を席巻するＢＡＴの存在

グーグルをはじめとするグローバルＩＴ企業のサービスを思うように使えない中国において、それらの役割を担っているのは、「バイドゥ（Baidu）」「アリババ（Alibaba）」「テンセント（Tencent）」の3大コングロマリットであり、頭文字をとって「ＢＡＴ」と呼ばれています。ＢＡＴはそれぞれ、独自のデジタルプラットフォームやサービスを展開し、バリューチェーンを形成しています。「バイドゥ」はサーチ領域で最大級、「アリババ」はＥＣ・ペイメント領域で最大級、「テンセント」はソーシャルメディア領域で最大級という

ように、企業の由来となる領域は異なるものの、いまや中国におけるデジタルサービスのラインナップ（ID・アカウント、Eコマース、ペイメント、ブログ、ニュースサイト、WEBブラウザ、検索サービス、動画サイト、音楽配信、ゲーム、マップなど）を、すべて1社だけで提供できるほどの規模を誇る存在となっています。そして驚くことに、BATそれぞれの企業が提供するメインサービス間の遷移を遮断しているほどの徹底ぶりです。

タクシーを呼んで支払うまで、すべてウィーチャットで完結

そんな中で私が最も感心したのは、「テンセント」が提供するプラットフォーム「ウィーチャット」の浸透率です。

「ウィーチャット」の存在自体は、もちろん北京に行く前から知っていましたし、現地での主要ツールになっていることも理解していたので、便利なメッセンジャーツールと捉え、北京に行く前にダウンロードをしておきました。案の定、現地でのスタッフとのやり取りはすべて「ウィーチャット」で行われました。UI（ユーザーインターフェース）は「ライン」とほぼ同じようなもので、テキストはもちろん、画像を送ったり、スタンプ（ウィーチャットではステッカーと呼ぶ）を送ったりすることもできます。

ここまでは想定内だったのですが、街の至るところで「ウィーチャット」のマークを見かけるようになって以来、「ウィーチャット」の本当のすごさを思い知らされました。前述したように、「ウィーチャット」を提供するテンセントは、あらゆるデジタルサービスを展開してユーザーを囲い込んでいます。ですので、メッセージ機能で友人と待ち合わせ場所を決め、タクシーを呼んで目的地まで向かい、その代金を支払うことまで、すべて「ウィーチャット」上で完結してしまうわけです。さらに衝撃的だったのは、食事の場での割り勘、ビジネスパートナーへの謝礼、さらにはお年玉まで、すべて「ウィーチャット」の上で当たり前に行われているという話を聞いたことでした。スーパーマーケットや、私が毎朝通っていたパン屋、そして屋台までも、「ウィーチャット」があれば支払いが可能となっており、スマホだけで特段不自由なく買い物ができるのです。

日本でもオンラインプラットフォームによるペイメント機能は存在しますが、北京でのそれとは浸透率が違うのは明らかです。北京の人たちは、ネットの中だけにとどまらず、リアルでもデジタルサービスの恩恵を受けて、そして使いこなしているのです。利用者は世代を問いません。これが、私が２０１６年５月に北京で見て感じたデジタル利用の実情です。

13億人を動かすコミュニケーションの要

このように、生活に密着したデジタルプラットフォームが存在する以上、これをＰＲに活用しない手はありません。中国におけるデジタルＰＲは、「ウィーチャット」をはじめとするソーシャルメディア（もはやプラットフォーム）をいかにうまく活用するかにかかっています。日本でよく議論される「ターゲットに最も見てもらえる媒体を選定する」ことは、良くも悪くも、いまの中国での関心事ではないのかもしれません。むしろ「ウィーチャットで掲載するコンテンツをいかにつくるか」というウィーチャットありきの議論が終始行われていました。

中国ではいま、ＰＲ会社もデジタルマーケティング会社も広告会社も、領域の隔たりなく揃ってコンテンツづくりに奔走しています。13億人を動かすデジタルプラットフォームに、13億人を動かすコンテンツが掛け合わされることを想像すると、やはりそのスケールの大きさに圧倒されます。

第5章
地方創生の切り札は「インバウンド」だ!!

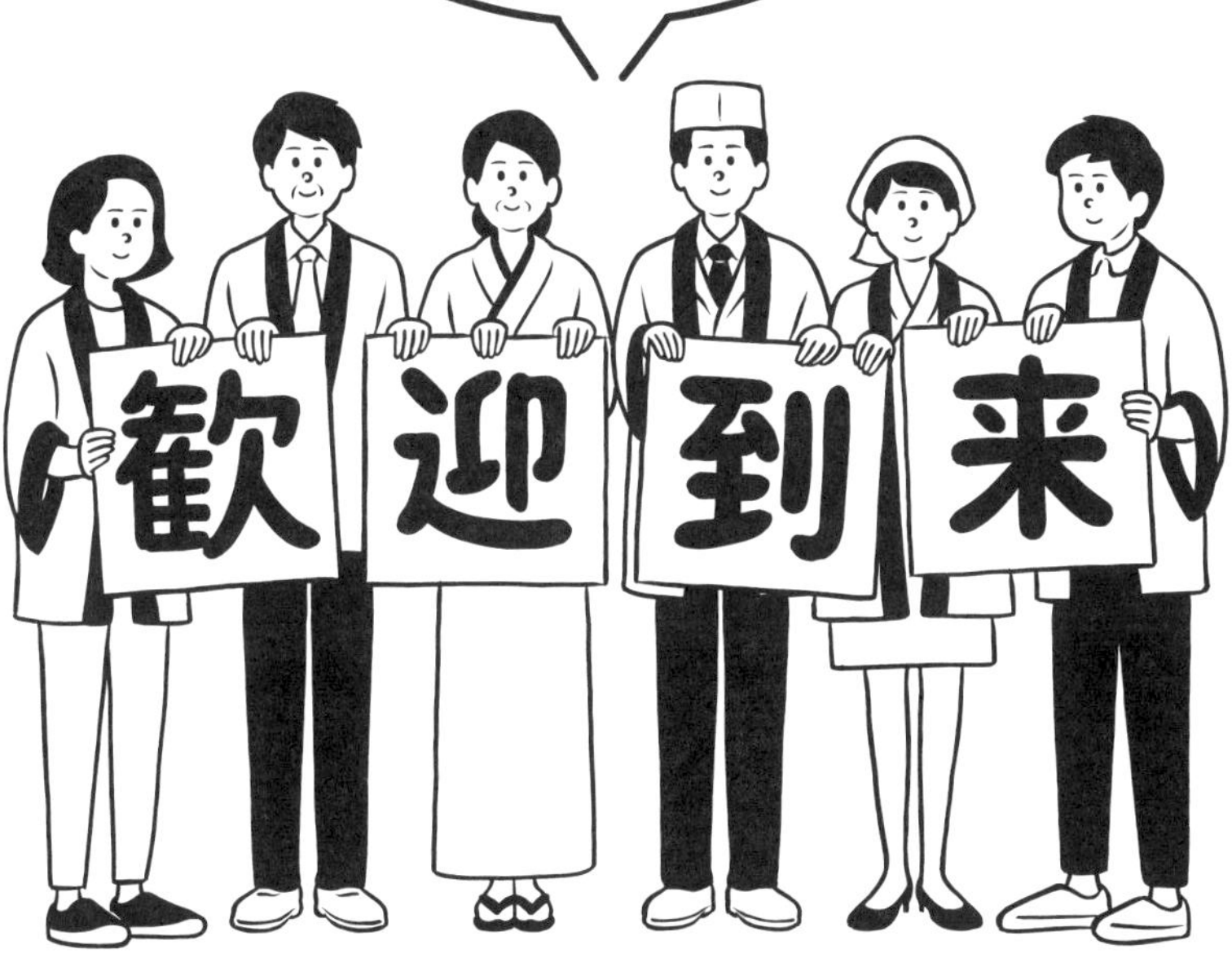

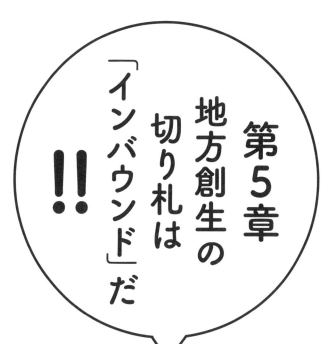

【インタビュー】

旅行客の地方誘致とPRの役割

インバウンドを「地方創生」の契機にしようという考え方が、脚光を浴びています。少子高齢化によって消滅都市などの危機も叫ばれている地方都市を、どう活性化していくのか。その切り口のひとつとして、訪日外国人旅行客の誘致に目が向けられているのです。急速に拡大するインバウンドの活力が、全国各地に波及すれば、地方創生も前進します。旅行先として地方を選んでもらうには、旅行者にその魅力が伝わるように情報を流通させていくPRの視点が欠かせません。ここでは、電通パブリックリレーションズでインバウンドプロジェクトを推進する冨永真実子氏に、旅行客の地方誘致についての現状と、PRの考え方を取り入れながらインバウンド施策を進めていく方法について聞きました。

地方創生を支える観光振興のプレーヤーたち

――日本政府は、観光立国を標榜し、訪日観光客の地方誘致にも力を入れ始めていますが、地方におけるインバウンドの実情は？

冨永　まず日本の観光産業市場全体を見渡すと、22・5兆円のうち、インバウンドが占め

る割合はまだ10％程度、2・2兆円に過ぎず、日本人の国内宿泊旅行が6割を占めています。つまり地方の観光産業においては、依然として国内旅行の比重が大きく、日本人旅行者の誘客は引き続き課題となっています。

宿泊施設の客室稼働率を都道府県別に見ても、首都圏や一部の都市に宿泊が集中していることが分かります。日本に来る外国人の多くが、まず東京を目指していますから、インバウンドによる恩恵が、地方へ行き渡っているとはまだいえない状態です。

ただし、外国人の年間延べ宿泊者数は、この2年間で倍増しており、地方におけるインバウンドは、伸びしろが期待できる領域です。

また政府が年間訪日客数4000万人の目標を視野に入れる中で、首都圏のみでは受け入れに限界が来ます。そこで行政も、地方創生と一体化した文脈でインバウンドによる観光振興を捉えるようになっています。

――地方創生を支えるインバウンド振興の担い手とは。

冨永　まず行政におけるインバウンドのプレーヤーは、国、広域自治体、市区町村の3層に分かれます。インバウンドを促進する国の事業については、JNTOが主体となり、マ

ーケティングやプロモーションを実施しています。一方、広域自治体や市区町村は、各観光協会が主体となって事業の執行や域内民間企業との連携を進めています。中には、「コンベンション・アンド・ビジターズビューロー」という、MICEや旅行者誘致を専門に行う組織が、地域のプロモーションを担う場合があり、「東京観光財団」や「沖縄コンベンションビューロー」などがこれに該当します。

自治体が、独自に訪日誘致のマーケティング調査を行う例はまだ少なく、インバウンドの実態を把握するデータについては、JNTOに多くを頼っているというのが現状です。旅行博に出展してプロモーションする場合も、たいていはJNTOが出展しているブースに自治体が相乗りしています。金銭面や人員的なハードルから、独自に統合的なプロモーションを実施している自治体は一部ですが、地方の認知を高めたい、とご相談を受けることが増えてきています。

そして行政と両輪になってインバウンドを推進するのが、民間企業のプレーヤーです。インバウンド需要の取り込みに積極的なのは、旅行・宿泊関連の企業だけではありません。その顔ぶれは、多岐にわたり、大きく分類すると、宿泊業界、交通業界、旅行業界、サービス業界の4つ。中でも、急速に勢いを増しているのがサービス業です。飲食や小売の躍

進が目立っており、衣料品や電化製品、医薬品などが売れ、爆買いの影響を受けているのは皆さんがご存じのとおりです。

　このほか、遊園地や水族館などのレジャー施設も人気。意外なところでは、映画館がインバウンドに取り組んでいる例もあります。映画館も観客減対策として、インバウンドに働きかけているのです。金融関係では、両替サービスや銀聯カードなどの動きが活発になっています。また、これらのサービスを支える業界として、マーケティングやコンサルティング系の会社もあります。サービス業界は、今後さらにインバウンドへの関与を深めていくことが予測されます。

　さらに、海外企業の動向にもアンテナを張っておくべきでしょう。２０２０年の東京オリンピック・パラリンピックに向けて、日本でビジネスを始めようとする海外企業が少なくありません。日本で観光を切り口にしたビジネスができるのではないかと期待しているようです。このため、日本の観光関連産業へ参入する海外企業が増加し、国内企業と競合する可能性があるという見方もあります。こうした海外企業が影響力のあるプレーヤーになることは十分に考えられます。

活躍が期待される「日本版ＤＭＯ」とは？

最近、新たなプレーヤーとして、官民が連携した組織「日本版ＤＭＯ」が注目されています。ＤＭＯとは、「Destination Management/Marketing Organization」の略称。観光地域づくりのかじ取りを担う法人を指し、地域住民や農林漁業、商工業、飲食店など多様な地域の関係者を巻き込みつつ、ＰＤＣＡサイクルを回しながら、観光客へのプロモーションを行っていきます。

２０１５年６月、政府の観光立国推進閣僚会議が「観光立国実現に向けたアクション・プログラム２０１５」を決定し、２０２０年に向けた訪日外国人の増加を目標に掲げ「日本版ＤＭＯ」の確立を提言しました。これは、地方創生策のひとつにもなっており、地域の風土・文化に合った組織形態をつくり上げることで、地域を活性化させる観光ビジネスモデルの形成、ひいては観光地の経営を目指しています。

観光庁は、日本版ＤＭＯ形成の背景として、従来の観光地域づくりでの課題を三つ挙げています。ひとつ目は、地域の関連事業者や住民など、多様な関係者の巻き込みが不十分な点。地域の合意形成ができていないと、地域の幅広い資源の活用や、地域住民の愛着を醸成することが不十分で、推進活動が空回りしてしまいます。ふたつ目は、来訪客に関す

るデータの収集・分析が適切になされていない点。観光客のデータを大ざっぱに扱い、ターゲットとなる顧客層や地域のコンセプトが十分に練られていないケースが少なくない。これでは、変化する観光市場に対応しようとしても、好結果が望めません。三つ目は、効果的なブランディングやプロモーションといった、いわゆる民間的な手法の導入が不十分な点。競争力を持つ観光地ブランディングができていないというのは、致命的な弱点ともいえます。

こうした課題を受け、地域の多様な関係者を巻き込みつつ、科学的アプローチを取り入れた観光地域づくりを行う日本版ＤＭＯを各地域で形成・確立しようという機運が醸成されたわけです。

要するに、行政と民間の両者をうまく融合した観点で、観光地を経営し、インバウンド誘致をマネジメントできる組織が「日本版ＤＭＯ」です。小さな観光協会ではマーケティングを自前でやる体力がありませんが、民間企業であれば独自にマーケティングを実施するノウハウを持っています。「日本版ＤＭＯ」は、民間の知恵と行政の長所を取り入れて、観光振興の大きなプレーヤーになることが期待されています。

「日本版ＤＭＯ」には次のような役割が想定されています。

・関係者の合意形成
・各種データ等の継続的な収集・分析
・データに基づく明確なコンセプトに基づいた戦略（ブランディング）の策定
・KPIの設定・PDCAサイクルの確立
・関係者が実施する観光関連事業と戦略の整合性に関する調整、仕組みづくり
・プロモーション
・観光地域づくりの一主体として実施する個別事業

こうした機能を担い、多様な人材やノウハウを取り込みつつ、観光による地方創生を図ることになります。

欧米では先行してＤＭＯが普及し、観光振興においてマーケティングをはじめ重要な機能を担ってきました。たとえば、ＤＭＯの先駆的な存在である、スペインの「バルセロナ観光局」は、年間約４４００万ユーロの収入を得ているとされますが、この収入を観光地経営に再投下するという好循環を回し、まさにＤＭＯが主体となってバルセロナという観光地が生まれています。

日本版ＤＭＯでは、観光庁に登録することによって、関係省庁連携支援チームのサポー

トや新型交付金（地方創生推進交付金）を受けられるようになります。また、対象エリアの広さに応じて、「広域連携ＤＭＯ」（都道府県を横断する区域）、「地域連携ＤＭＯ」（複数の地方公共団体を横断する区域）、「地域ＤＭＯ」（基礎自治体）という3区分で登録することができます。

現状を把握し、ターゲットを設定する

――ゴールデンルートに旅先が集中している訪日観光ですが、地方に人を集めるには、そもそも地域の魅力を知ってもらうことが必要です。何から取り組めばいいのでしょうか。

冨永　旅行者が海外旅行する際、その旅行先は日本のみならず、世界中にあります。たとえ、日本を選んでもらえたとしても、外国人観光客の多くが東京を訪れます。そこで地域に足を運んでもらうのはどうしたらいいのかを考える必要があります。

東京を訪れる外国人の大半は、初めて訪日する人です。2回目の訪日になると、東京へ向かう割合は減っていきます。すでに東京へ行ったから、次はどうしようかという人が、口コミなどを参考にしながら、比較検討をして、地方へ行っているのです。

また、欧米系の観光客は、平均で2週間くらい休暇を取って日本へ来ていますが、丸々

2週間を東京では過ごしません。日本人もヨーロッパに行ったときには、多くの人がいろいろなところを周遊しているのと同様です。つまり、東京以外の目的地として選択意欲を高めるような働きかけが有力な施策となるわけです。

その意味では、広域の観光ルートを創造することは重要だといえます。外国人が自分で調べて広域のルートをプランニングし、日本を周遊するのは大変です。こういうルートであれば2泊3日で周遊できるというようなプランを提示してあげるのです。政府が提唱している「広域観光圏」ともうまく連携していくことが有用でしょう。

外国人旅行者は、日本の行政区域や自治体の壁には縛られずに、広く観光したいと考えています。広域で観光できるように魅力的なルートをつくって発信していくためには、より広いエリアでストーリーづくりをする必要があるわけです。その点では、広域連携ＤＭＯが果たす役割は大きいといえます。

こうした旅行者が目的地を決定するまでのプロセスを踏まえたうえで、地方がインバウンド誘致に取り組む際にまず行うべきは、訪日客の中でも、どの地域からの来客が多いのか、現状を把握し、ターゲットを設定することです。訪日外国人のニーズや行動特性は、出身国・地域や団体客・個人客によりさまざまですから、より効果的なプロモーションを

行うためにも、ターゲットの具体像を把握しておくことは重要です。日本人であれ外国人であれ、どのような人がどれくらい来訪しているのかという実態を知ることがインバウンド取り込みの大前提となります。基礎的な数字を収集するところからスタートしましょう。

公開されているデータのひとつに、観光庁の「観光入込客統計」「宿泊旅行統計」があります。インバウンドにかかわる方なら、ご存じの方も多いと思いますが、どの国の人が、どこの県に泊まったか、というようなデータが統計としてまとめられています。

データを見れば、国に偏りがある、もしくはバラついている、など特徴が見えてきます。飛行機が就航している地域はどこか、在住している外国人の出身地はどこが多いのか、多様な文化を持つ人たちを受け入れられる飲食や宿泊施設の環境があるか、どんな観光資源に旅行者が関心を持っているのか、など、さまざまな視点でデータを分析することで、地域に合ったターゲットを探していきます。

こうしたデータを調べていくうちに、意外な事実を発見することもあります。たとえば、特定の国のブロガーが情報発信していたおかげで、知らないうちに評判が広まっていたというケースなどです。もし、このような発見ができれば、インバウンドの取り込みを検討するうえで大いに参考になるはずです。

「何もない」ところから「ストーリー」を紡ぎ出す

ターゲットを設定したら、次の段階では、対象者に向けたコミュニケーション戦略の立案です。旅行者に関心を持ってもらい、旅行先として選ばれ、足を運んでもらえるような、心を捉える情報を発信していかなくてはなりません。

ここで覚えておいていただきたいのは、日本人が思い込んでいるインバウンドのあり方と、外国人が実際に求めているもののあいだにギャップがあるということ。たとえば、こんなエピソードがあります。東京を訪れる外国人の間で「満員電車と新橋駅付近のガード下がおもしろい」「渋谷のスクランブル交差点はすごい」と話題になっているのです。実際、ガード下には外国人観光客が集う居酒屋があります。日本人のライフスタイル、分けてもビジネスパーソンの日常の過ごし方、あるいは巨大な交差点でぶつからずに横断できる日本人の規律正しさが、外国人の関心を集めているのです。東京で暮らしている日本人には、外国人観光客がビジネスパーソンの日常生活や交差点を渡る姿などに興味を抱くとは思いも及ばないことでしょう。

外国人目線で指摘されて、初めて見えてくる地域の魅力があるのも事実です。こうしたエッセンスをもとに、旅行客の行動を促すストーリーをつくっていきます。旅を重ねるに

つれて、買い物だけでなく、「自分の国では体験できない、日本の日常を味わいたい」という目的を持った旅行者も目立ち始めていますから、地域の資源を活かしたストーリーをつくってみてください。

もし、どうしても自分のまちに目ぼしいポイントがないというのであれば、もっと広いエリアで魅力を探り、ストーリーをつくっていくという方向もあります。ひとつの地域の中でストーリーをつくって完結させるのは、外国人のニーズに必ずしも合致していない面もあります。

旅行者を振り向かせるストーリーづくりは、元来、私たちPR会社が得意としてきた領域です。これまで培ってきたノウハウをインバウンドの領域で活かしています。

ターゲットに「刺さる」情報の発信を

せっかく地域の魅力が見つかっても、適切なタイミングで旅行者に伝わらなければ、行動にはつながりません。情報を発信するメディアやコンテンツの選択が大切になります。ターゲットがどのような媒体やインフルエンサーの情報を参考にして旅行情報を取得しているのかを把握して、情報の出し方、つまり情報の流通経路を設計していきます。

自分自身が休暇をとるとき、どのような思考プロセスを踏んでいるのか、を振り返ってみるのも有効です。休暇の期間、何をしようか、旅行にでも行こうかとなったら、「予算はこれだけだが旅行先はどこがあるか？」「1週間で行けるところは？」などと行き先の検討を始めるものです。行き先の候補を絞るときには、旅行の口コミサイトや旅行会社のサイト、政府観光局、ブログなどをいろいろ比較しているはずです。そして最終的には「この景色が見たいから、ここへ行こう」などと気持ちを固めているのではないでしょうか。

旅行目的地を認知して、関心を持ち、検索するまでのフローを踏まえて、情報流通

情報流通構造の特性

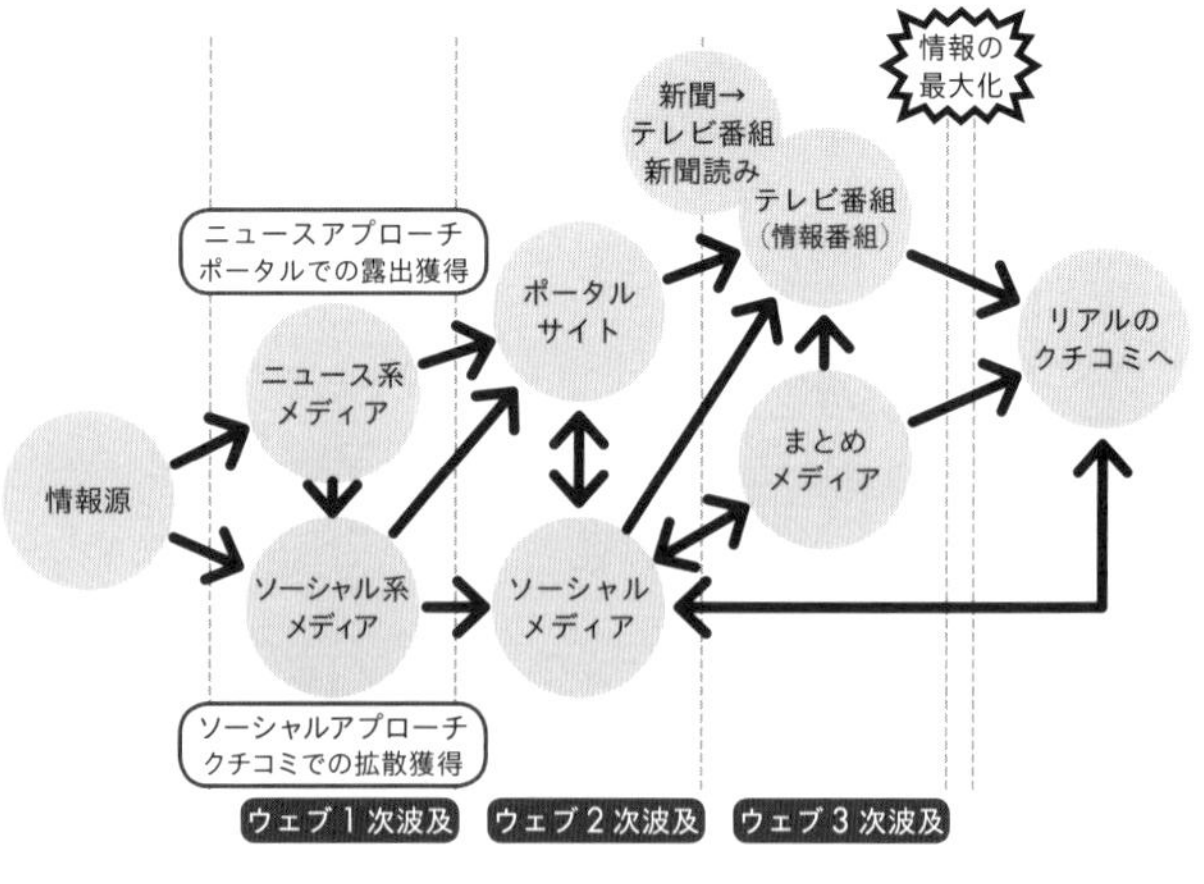

経路の設計をしていきます。媒体を選んだら、その媒体に旅行者が接触するシーンに合わせてメッセージをつくっていくことになります。

プロモーションにPR会社などが関与していれば、各国のメディアを呼んできて、その観光地の露出につなげるほか、どういう媒体がターゲットに合うのかを選定して、デジタルメディアやSNSでの情報拡散や、ツール類を作成したりして、情報を最大化していくまでの戦略を立てていくこともできます（図・情報流通構造の特性を参照）。私は、かつて自治体の職員として、外国人旅行客誘致に携わっていた経験がありますが、地域の魅力を適切なタイミングで拡散させていく統合的なプランニングまで着手できるのは、情報流通のプロであるPR会社ならではのインバウンドへの携わり方だと感じています。

情報を流通させていくには、媒体選びだけでなく、どのタイミングで情報を出すのか、も重要なポイントです。一般的に、旅行者が海外旅行の訪問先を検討し始めるのは、約4カ月前とされます。3カ月前には訪問先候補を三つ程度に絞り、だいたい1カ月前には行き先をひとつに絞り込んでいます。オンラインで予約するような個人客の場合には、訪日旅行についての検討を開始してから航空券を予約するまでにかかる日数は、「トリップアドバイザー」の資料によれば、比較的長いオーストラリアで118日（約4カ月）、カナダ

だと短く93日（約3カ月）です。

したがって、旅行先として日本を意識させるためには、3〜4カ月前に情報の掲出をスタートすることが有効となります。その後、予約を完了するまでの期間を通じ、可能な限りシームレスに情報を掲出することによって、ほかの旅行目的地との差異化を図ります。

また、チケットを取ることに手間がかかったり、ビザを取る必要がある場合には、さらに時間を要することになります。日本人の場合、多くの国で観光ビザが免除になっているので、そんなにビザ取得で手間取るとは考えないため、ここが落とし穴になることもあります。最適なタイミングで情報を発信するには、チケット予約の所要日数も考慮に入れましょう。

最近はネットで簡単に海外旅行の手配ができますが、旅行会社の窓口でパンフレットを見て決める旅行が主流なマーケットもあります。このような国を対象とするときは、パンフレットの制作期間も留意しておかなければなりません。店頭に並ぶサイクルなどもチェックしておくべきでしょう。

一連のコミュニケーションをうまく組み立てることで、訪日客を迎え入れることができたら、その期待に応え、好印象を持って帰国してもらわなければなりません。体験者によ

る推奨、口コミは、旅行先の重要な検討材料になるからです。案内看板の多言語化やWi－Fi環境の整備などのほか、宿泊施設や飲食施設、体験プログラムなどの整備やサービスの充実など、観光客の受け入れ環境や体制の整備が、新たな魅力構築にもつながっていきます。

インバウンド誘致の合意形成を図る

――旅行目的地としての選択意欲を高める情報を露出するほかに、PR会社がインバウンドを振興するために担っている役割はありますか。

冨永　地方がインバウンド誘致に取り組む場合、地域内の人々が一丸となって目標に邁進できるのであれば、これほど心強いことはありません。ある意味では、こうした体制をつくることが、インバウンド取り込みの成否を握っているといっても過言ではないでしょう。

PRの仕事の中に、「インターナル・コミュニケーション」というものがあります。簡単に説明すれば、組織内の合意形成を図っていくというものです。組織の士気を高めて目標に向かっていくためには、このインターナル・コミュニケーションをしっかり行う必要があります。地方にインバウンドを取り込む場合も、この考え方は大いに役立つはずです。

というのも、インバウンドが盛り上がっているとはいえ、必ずしもこの風潮が歓迎されているわけではありません。「外国人がたくさん来ても困る」「言葉が分からない」「マナーが悪そう」「治安は大丈夫か」など、不安の声も聞かれます。日本人の訪問客がある程度確保されている観光地だと、「日本人で十分だから、これ以上無理してインバウンドを誘致する必要はない」という意見もあります。

このような漠然とした拒否感や恐怖感などが見られる場合、地域全体として進むべき方向を整える必要があります。つまり、地域内の合意を形成していくわけです。インバウンドに取り組むことで、どんなメリットがあるのかをアピールする一方で、どのような問題が発生するのかを予測して、解決手段を提起していくのです。これは、インバウンドの誘致活動において、手薄になっている部分だといえます。

企業の場合でも、インバウンド事業を推進しようとしている部署は盛り上がっているのに、そのほかの部署ではそうでもないというケースがあります。さらに単位が地域になると、かかわる人がより多様になり、利害関係も複雑になってきます。実際、「旅館は儲かるかもしれないが、自分の産業は何の恩恵もない」といった根強い不満は、どこの観光地にも多かれ少なかれあります。みんなにいいことがあるという雰囲気に持って行くのは、

骨の折れる作業です。うがった見方をすれば、100%の合意はあり得ないともいえます。

しかし、だからといって、諦めることはありません。漠然とした不安を整理し、関係者が同じ目標を持つこと、そしてたとえ小さくとも具体的な成果を上げ、ゴールに向かって挑んでいく機運を醸成していけばいいのです。民間企業の場合でも、小さな成功でもコンスタントに成果を見せることで周囲を納得させるというケースは少なくありません。

ここでポイントとなるのが、インバウンドに携わっている人の苦労をはじめ、良いことだけではなく悪いことも見せていくということ。多くの人に参画意識を持ってもらい、共有していくのです。インバウンドに取り組むことで、この地域をどのようにしていきたいのか、ゴールとビジョンを共有することが最終目的となります。時間と手間がかかりますが、将来の発展を見据えた場合、地域の合意形成は避けては通れない過程です。インターナル・コミュニケーションはまさにこの領域をスピードアップし、円滑化する技法です。

こうした知見を今後活かしていきたいと考えています。

【座談会】

地方はインバウンド需要を取り込めるか

――地方創生への期待と課題

2015年の訪日外国人観光客が1900万人を超え、政府は5年後の2020年に4000万人のインバウンド誘致という目標を掲げています。増大するインバウンドを円滑に受け入れるため、外国人観光客を日本各地に分散させる必要も叫ばれています。政府が打ち出している地方創生という政策とも相まって、インバウンドを地方活性化の起爆剤にしようという自治体も少なくありません。そこで、この座談会では、地方創生とインバウンド需要について、自治体、PR会社、メディアの視点から、ご出席の皆さまに語っていただきました。

谷口雄彦氏（豊岡市 環境経済部大交流課 課長補佐 兼 Uターン戦略室室長補佐）
山根勇一氏（電通パブリックリレーションズ 地方創生プロジェクト PRディレクター）
庄子陽介氏（企業広報戦略研究所〈電通パブリックリレーションズ内〉主任研究員）
田中里沙氏（事業構想大学院大学 学長／宣伝会議 取締役メディア・情報統括）

官民連携でインバウンドを地方創生に活かす

――まずは、みなさんのお仕事と地方創生やインバウンドとのかかわりについてお聞きしたいと思います。

谷口　兵庫県・豊岡市では、人口減少時代の地域活性化戦略として「大交流」というスローガンを掲げ政策を進めてきました。これは、今後、人口が減るのは止められない、だったら外から人に来てもらうことで、まちの元気を維持しようという考え方です。そのためには、行ってみたいと思ってもらえるような豊岡の歴史や風土に根ざしたオリジナルなまちづくりを進め、そういう「まち」があることを日本や世界の人に知っていただき、交流を支える基盤を整備する必要があります。こうした考え方は、当然、地方創生にも関係しています。ただ最近は、人口減少を抑制することと、市民の質的な転換を図ることも地方創生の柱として進めるようになりました。

山根　私は現在、内閣府を担当しており、国の地方創生のお手伝いをしています。「まち・ひと・しごと創生本部」が発足したあたりから、イベントやPR関係の業務に携わっています。内閣府を担当して2年になりますが、それ以前は、地方自治体

左から谷口氏、山根氏、庄子氏、田中氏。地方創生とインバウンドについて語り合う。

の首都圏に対するＰＲ業務などもしていました。私は熊本県出身なので、故郷のことを考えると、仕事を通じて地方を盛り上げていくことができればと思っています。

庄子　私は企業広報戦略研究所主任研究員として、ＰＲ案件や地域活性化戦略の立案などに携わることで、地域や都道府県をサポートしてきました。私も山根さん同様、地方出身者。北海道・ニセコエリア出身なので、インバウンドの進展を目の当たりにしながら成長しました。地元が変わっていく雰囲気を体感したことは、現在の仕事に多少なりとも役立っているかもしれません。

田中　事業構想大学院大学は、新規事業に携わる人を応援するとともに、地方創生に取り組む人も対象にしています。インバウンドが４０００万人の規模になるという時代には、日本中のあらゆる地域に観光客を迎え入れることが期待されます。日本の各地には、すばらしい資源があり、まだ見出されていない素材もあります。地域のすばらしいところをアピールするために、マーケティングの力を駆使して、私たちも率先してアイデアを出していきたいと考えています。そのため、教授、修了生、院生の人脈を軸に産官学連携でプロジェクトを組んだり、事例研究を行っています。

インバウンド誘致にマーケティングの考え方を取り入れる

――豊岡市で進めている城崎温泉を中心としたインバウンド集客は、先進的な事例として注目されています。どのように取り組まれているのか、ご紹介いただけますか？

谷口　「小さな世界都市」を目指しています。人口規模が小さくても、世界中の人々から尊敬され、尊重される「まち」をつくるということです。最近は、これに英語のサブタイトルをつけて、「ローカル・アンド・グローバル」などといっています。ローカルを突き詰めていけば、その先にグローバルがあると。

豊岡市は兵庫県の北に位置し、日本海に面しています。１市5町が合併してできた「まち」で、観光資源は豊富だといえます。たとえば、１３００年の歴史を誇り、木造3階建ての建物が軒を連ねる「城崎温泉」。漁師まちの佇まいを残すまち並みが評判で、透明度の高い「竹野海岸」という海水浴場もあります。「神鍋高原」は、京阪神から近く日本で最も標高の低い高原リゾートとして売り出しており、ここではスキーもできます。

江戸時代の面影を残す「出石」は小京都といわれ、白磁の小皿で食す「出石皿そば」が名物です。「但東町」は里山がある田舎の町ですが、農家民宿の写真をＪＮＴＯのフェイスブックにアップしたところ、シンガポールで６０００くらいのフォローがありました。また、一度は日本の

空から姿を消したコウノトリの復活の取り組みも内外から高い評価を得ており、コウノトリも住めるほどの環境が復活したことをアピールしています。こうした環境は人間にとっても住み良い環境であると。

最近は、パフォーミングアーツに特化した日本最大級のレジデンス施設「城崎国際アートセンター」もＰＲしています。県から譲り受けた施設を改装して市が運営しています。最長３カ月滞在が可能で、使用料は無料です。初年度から世界的なアーティストが滞在し創作活動を行っています。近畿最古の芝居小屋「出石永楽館」も、市が譲り受けて復元。歌舞伎芝居小屋として復活させました。２００８年のこけら落としから毎年11月に、片岡愛之助さんが座頭として歌舞伎公演しています。

山根　こうした観光資源へインバウンドを誘致するために、何か戦略のようなものがあるのでしょうか？

谷口　何でも揃っているということでは、観光客の心を捉えることはできません。インバウンドについては、マーケティングの考え方を取り入れました。データに基づいてきちんと対応することが必要だと考えたからです。２０１３年、大手オンライン旅行業社から職員の派遣を受け、政策的にインバウンド誘致を始めました。ターゲットにするマーケットと顧客を特定し、独自資源

を顧客に届けるプロモーションを行って、競合との差異化を図りオンリーワンを目指す、「誰に、何を、どのように」という観光地マーケティングに着手しました。

まずは自分たちの立ち位置を明らかにしようと検討した結果、魅力の第一は城崎温泉のまち並みと、そこを浴衣を着て下駄を履いてのそぞろ歩きができる点だということになりました。そこで、誰にアピールしていくのかを整理。顧客は、欧米圏のＦＩＴ（個人旅行）と、アジア圏の富裕層ＦＩＴに狙いを定め、メッセージを「Kinosaki Onsen Yukata Village」としました。

初めて日本に来る人がいきなり城崎温泉に立ち寄ることはあまり期待できないので、セカンド・デスティネーション（第二の目的地）を狙うという考え方を整理しました。ゴールデンルートから少し外れたところに競合地を設定し勝負しようということです。また、リピート率が高いアジアの人に対しては、3回目や4回目の訪日時に城崎に来てもらおうという狙いもこの考え方には含ま

城崎温泉のまち並み

れています。
豊岡市の外国人宿泊客数は２０１５年、３万４０００人強でしたが、２０２０年、東京オリンピック・パラリンピックの年には、10万人を目指そうという計画にしています。

地元が稼ぐ仕組みづくりでＤＭＯを設立

庄子　豊岡市におけるインバウンドの現状はいかがですか？

谷口　豊岡を訪れる外国人観光客は、２００８年ころから目に見えて増えてきました。２０１１年から２０１５年の５年で30倍の伸びです。『ロンリープラネット』（旅行ガイドブック）を持って訪れる外国人が目立つようになったので調べてみると、日本のベストオンセンタウンとして掲載されており、このことが外的な要因のひとつだと思います。こうした外国人を政策的に増やしていこうということで、２０１３年に大交流課を設置し、２０１５年にはインバウンドの宿泊客数が３万人を超えました。計画より１年早い数字です。２０１６年１月～３月の速報値でも前年比１・８倍で増えています。

いまは、インバウンド１人あたり１・４泊という実績です。全国的な数字は押さえていませんが、少ないのではないかという意見もあります。城崎のコンテンツが足りないのか、周りのコン

テンツが知られていないのか、いろいろな問題があるのでしょう。この数字を増やしていくこともひとつの目標。また、これまでデータを取っていなかった観光消費額の数字をきちんと把握することも必要だと考えています。

関西では、冬になるとカニを食べるという文化があり、11月〜3月の城崎温泉は、日本人のお客さまで賑わう繁忙期です。一方、4月〜7月はお客さまが少ないので、通年で正規従業員を雇用することができないという課題がありました。派遣などに頼ることになるのですが、そうすると、サービスの質にばらつきが出たり、人が変わるたびに教育が必要となるなど非効率さが問題になっていました。こうした日本人観光客の閑散期の需要を補完し、通年雇用を確保するという面からもインバウンドの推進はとても有効だと考えています。ところが、いまは需要の増加に従業員の確保が追いつかず、城崎温泉全体で1日に100件を超える予約を断っているといわれています。雇用確保は重要な問題になってきています。

山根　海外での情報発信はどのようにされているのですか？

谷口　旅行博への出展などを行っています。ロンドンでの旅行博に初めて出た2013年は、東京や大阪、京都と肩を並べて豊岡が出展し、大都市に囲まれて異彩を放っていました。最近は、単独の出展ではなく、神戸や大阪と共同で出展しています。ミラノ万博へも参画したのですが、

日本館のテーマが豊岡のシンボルでもある「コウノトリ」。日本館のフードコートで使われた米はすべて豊岡産。市長がトップセールスをしてきました。

メディアへの情報発信については、媒体社の仲介をする「レップ」を利用しています。豊岡市はフランス・パリに事務所を置く「EXA Partners」と契約しています。２０１６年からは、アメリカとオーストラリアでも、こうした情報発信を行っていきます。

庄子　地元での外国人観光客の受け皿づくりはどのように進めていますか？

谷口　外国人観光客への受け入れ対応策としては、城崎温泉駅の前に、英語を話すことができるスタッフが常駐する案内所を設置しています。城崎温泉のメインストリートは、フリーＷｉ－Ｆｉを整備するとともに、利用者の属性や行動データを取得し、次の取り組みの参考にしています。

また、おもてなし品質の向上ということで、「インバウンド相談室」を開催したり旅館の宿泊プランの英訳支援、指差しシートの作成など、いろいろなことをしています。

また、行政が運営するサイトは、観光情報の提供を目的にすることが多いですが、豊岡市は宿泊予約を取ることを目的にした、「Visit Kinosaki」というサイトを立ち上げ、アクセス分析やＷＥＢ広告などの実証実験を重ねています。２０１６年度中にＤＭＯ（観光事業のマネジメントを担う組織）への移管を予定しています。ＤＭＯは、三井物産やＪＴＢなどから職員を派遣しても

らい2016年6月に設立しました。ＦＩＴはネットを通じて予約する傾向があります。大手旅行予約サイトなどを経由させず、ＤＭＯが運営するサイトで宿泊予約を獲得することにより、手数料が地域に還流する仕組みをつくりたいと考えています。

ネット検索への対応も進めています。現在は何らかの方法ですでに城崎温泉を知っている人が、直接「城崎温泉」と打ち込んで検索しています。「城崎温泉」という単語を知っている人は多くありません。「城崎温泉」を売るのと同時に、たとえば、「京都の近くの温泉」など特定のキーワードで検索したときにもヒットするような対策もしています。このほか、「HIDEAWAY KYOTO」という動画をつくり、京都にいる外国人に向けて発信して、京都から城崎への誘致を図ったりもしました。「HIDEAWAY KYOTO」で検索すると、サイト「Visit Kinosaki」が上位に来るようになっています。

欧米のＦＩＴに特化して独自性を発揮

山根　城崎温泉はＦＩＴに特化しているようですが、ツアーの誘致についてはどのようにお考えですか？

谷口　実際ほとんどがＦＩＴで、団体のツアーは少ないですね。数的には中国からの観光客が最も多いのですが、大半がＦＩＴです。団体のツアーを拒絶しているわけではないのですが、小規模な旅館が多いため、物理的に受け入れることができないのだと思います。

山根　城崎温泉を訪れる観光客は、国内と海外ではどのくらい差がありますか？

谷口　年間60万人の宿泊客のうち３万人が海外からの観光客です。ここ数年急増しているとはいえ、全体の比率からすると少ない数字です。外国人観光客の数を増やすだけなら、もっとほかの方法があるのかもしれません。日本的な情緒や風情を大切にしながら、バランス良くインバウンドを誘致する。この点は注意しなければならないと考えています。外国人観光客にしても、外国人があふれているところには行きたくないと思います。

庄子　関西では有馬温泉などが有名です。大きな競合相手がいるわけですが、周辺エリアとの差異化はどうされているのですか？

谷口　いま、有馬温泉はアジア人観光客で大盛況だと聞いています。詳しくは知りませんが、有馬温泉は戦略的に、アジアから誘客されているのかもしれません。そうだとすると私たちとは、狙いが違っているということではないでしょうか。

庄子　城崎温泉が欧米にシフトしていることで、うまく棲み分けができているのですね。ポジションション取りは絶妙だという感じがあります。

谷口　数から見るとやはり中国からのお客さまが多く、伸び率も非常に高いです。それでも全国値と比較してヨーロッパやオーストラリアのシェアが高いのは、そこを狙ってきた政策的な成果だと評価してもらえたらうれしいですね。

田中　地域連合で周遊ルートを開発することと、日本版のＤＭＯを成功させること、このふたつがインバウンド誘致の王道ではないかと思います。豊岡はいずれにも着手されていますが、広域の周遊ルートについては、ほかのエリアとも提携していくのですか？

谷口　ロンドンの旅行博では、これまで個別で売っていたものを、２０１５年から大阪と神戸と提携して、「関西」で売っています。２０１６年はここに姫路市などが加わり共同で「関西」をプロモーションする予定です。また、京都府北部では「海の京都」という取り組みが進んでいますが、こことも協調して「ノーザン関西（関西北部）」という連携プロモーションを始めています。少しずつ増えていますが、九州や中部などに比べると、関西は地域で売るのが下手ですね。

旅行博への出展やＳＮＳで情報発信

山根　城崎の場合、外国人観光客は、温泉よりも、まち並みなどを見て散策することに興味を持っているようですね。

谷口　城崎温泉のまち並みは海外にはないものですから、その雰囲気に魅力を感じていただいているのだと思います。浴衣を着るとか畳の上で寝るなどの旅館体験や和食体験。そして、まち並み。日本の温泉街として、想像していたものが全部揃っている、そんなイメージではないでしょうか。夕暮れに、ほんのりと明かりがつくと、宮崎駿の世界のようになりますしね。

城崎は、まち全体がひとつの旅館という考えでやってきました。駅が玄関。それぞれの旅館は部屋。通りは廊下。土産物店は売店。だから、大きなホテルがお客さまを囲い込むようなことはしません。「どうぞ浴衣で外に出て行ってください」と。なにしろ、通りは廊下ですから。フェイスブックにこんな投稿がありました。「京都で着物を買ったのだが、京都では誰も着ていない。恥ずかしくて着ることができなかったが、城崎に来て、やっと着ることができた」。しかし、アップされていた写真は甚平でしたが（笑）。普通ホテルでは浴衣で部屋の外に出ることすら禁止しているところもありますが、城崎では浴衣を着て外出するように勧めています。

庄子　旅行博などに出展されているそうですが、情報発信手段としてＳＮＳなどB to C対策はどのように進められていますか？

谷口　「Visit Kinosaki」というフェイスブックを開設しています。インスタグラムでも発信しています。ＪＮＴＯの海外駐在事務所が、自身のＳＮＳアカウントに情報をアップしてくれるとい

うサービスを提供しており、ここも利用させてもらっています。駐在員に情報が伝われば、訪日する人に豊岡を宣伝してもらいやすいというメリットもあります。

山根　城崎温泉以外の市内観光地でも、ターゲットを絞って誘致するために、データなどを活用して戦略を練っているのですか？

谷口　これまでは、城崎を中心にして、欧米をターゲットに誘客し、他地域へ周遊してもらうという作戦をとってきました。今年からは、神鍋高原などに直接、インバウンドを取り込もうという試みが始まっています。東南アジアや台湾の人を対象に、大阪に買い物に来て、ついでにスキーも楽しんで帰ることができるとアピールできるのではないかと考えています。六甲の人工スキー場は大変な人気らしく、神戸・大阪・京都へ来た人たちが楽しんでいるそうです。もう少し足を伸ばせば、もっと本格的なリゾートを楽しめるというのは、かなり魅力的だと思います。

多くの自治体にとって「インバウンド」は手探り状態

――庄子さんや山根さんは地方創生関係の仕事に従事され、特にPR会社という立場からクライアントを支援されています。自治体からは、どのような相談があるのでしょうか？

庄子　PR会社に対する官公庁や自治体からの依頼は、数年前までは国内の需要喚起を目的とし

た情報発信が中心でした。新聞・雑誌、テレビキー局での取材を通じた露出を増やして、認知度を上げたいというものです。ターゲットは、情報発信力の強い若い女性でした。インバウンドが注目されるようになると、この流れに乗りたいという相談が増えましたが、要するに、狙う対象が東京から海外になったということです。ターゲットは中国であり、東南アジアであり、ヨーロッパであり、そういうところを狙って、どのようにターゲットに応じたPRフックやストーリーを開発して取材してもらうか。そのような相談が多くなっています。

しかし、国内におけるマスメディアでの成功事例が、他の国からの集客でも通用するかというと、そうではありません。テレビや新聞などのマスメディアが非常に発達しているという点では、日本は特異な国であるといえます。他の国では、たとえば中国などは、テレビ局の数が非常に多く、そのような状況では、1局で放送されても波及力は限られてしまいます。

そこで、海外ではSNSなどを活用した発信が注目されるわけです。影響力のあるブロガーに働きかけたり、動画を使って発信したりするなど、インバウンドの施策は、これまでPR会社が専門としてきた分野以外へも広がりがあります。現在は、ニュースに限らず、ソーシャル上で話題になるようなストーリーづくりとか、話題性のある切り口を一緒になって開発していくというような業務も増えてきています。

――波及させる情報そのものを提案してほしいということですか？

山根　そういった要望は多いですね。「何をしていいのか分からない」という相談です。また、かつては私たちが出向いて、現地で観光のPRをしていましたが、最近は現地のメディアを連れてきてメディアツアーで情報提供することが少なくありません。SNSで情報を拡散させるにはどうすればいいのかという相談も非常に多くなっています。

――ターゲットを絞って相談してくるのですか？　たとえば若い女性とか退職して余裕のあるシニアとか……。

山根　8割以上は、若い人をターゲットにしたいという要望です。とはいえ、そもそも、どういう人が訪れて、どういうところに行っているのか、そのような基本的なデータさえないところが多いのです。ですから、どのように戦略をつくっていけばいいのか分からないわけです。ターゲットをどこに絞って、どういうところに来てもらうべきか、観光客の本国ではどのような媒体に情報発信していくのか、そういうことが分からないので教えてほしいという相談を受けることは少なくないです。

――確かに、そのような手探り状態のところは多いと思います。豊岡市では、いかがでしたか？

谷口　専門業者に相談するまでもなく、すでに城崎温泉では欧米をターゲットにしようという合意があり、市として検討した結果も同じ意見だったので作業は円滑に進みました。ただ、私たちは何となく、感覚で分かっていただけで、データできちんと整理して理論化していたわけではありません。データの裏打ちがあって初めて、「なるほどそうなのか」となり、説得力が出てきました。

――個別の自治体だけの努力では限界がありますので、周辺の地域が連携して新しいルートを開発することも大切になりますね。

田中　そのような場合には、いわゆる「ストーリーづくり」というものが重要になってきますね。

山根　ストーリーづくりは、なかなか大変です。しかし、ストーリーがないと、旅行者の誘致にはつながりません。アニメ『天空の城ラピュタ』のワンシーンを連想させる、熊本の「ラピュタの道」などは、地元の人たちが自身で開拓したものですが、震災前にはアジアから多くの観光客が訪れていました。

田中　たとえばドイツの「ロマンティック街道」は、さほど有名でなかったまちが、ひとつの物語でつながり、観光地化に成功しました。さまざまな情報を連携して展開していけば、日本の各地も多彩なルートを開拓できるのではないかと思います。

庄子　ストーリーというと物語づくりのようなイメージですが、たとえば城崎温泉が温泉地ランキングに選ばれたというようなエピソードやきっかけを手がかりにするのは大事なポイントではないでしょうか。自分たちの地域が持っているネタをどのように活かしていくかという視点が大切で、まったく何もないところからストーリーをつくるというわけではありません。ひとつのネタとして何にフォーカスするか、これがポイントになると思います。

オンリーワンの観光資源を見つけて「地方創生」の促進へ

――事業構想大学院大学では、さまざまなまちづくりを取り上げています。地方を応援するという立場からは、観光ビジネスやインバウンドをどのように見ていますか？

田中　大学が創設された2012年に、『月刊事業構想』という雑誌を同時に創刊したのですが、創刊号から、各県の特集を連載し、47都道府県を網羅しました。知事に直接インタビューをして知事の考える事業構想を入り口とし、地域の可能性を深化していく企画です。その県がどのよう

な資源を持っているのか、どのようなプレーヤーがいるのか、いわゆる「産、官、学、金、労、言」を誌面の中で「見える化」して、地域の方々にさらなる自信を持っていただき、外からも注目してもらおうというプロジェクトです。

掲載された事例を見て、「一緒に研究ができますか」という申し出や「この地域の活動に参加するにはどうしたら良いか」という問い合わせもあります。そのようなケースへの対応も見据え、若い人たちに地域のことを考えてもらい、アイデアを出していくような取り組みができないかということを進めています。本学では地域の国公立大学との連携協定を組んでおり、共同研究も盛んです。事業構想の重要性を理解し、人材育成に力を入れている自治体からは、有能で熱意のある職員が知事から選抜されて本大学に通い、自分たちで事業構想していくためのアイデアづくりに取り組んでいます。

地方創生では、観光がひとつの切り口となります。資源をどのように見出して、観光ビジネスを創造していくのかというテーマについては、メディアやPR・広告界の方々とも提携して展開できればと思っています。今後さらに観光ビジネスを加速させるには、マーケティング、PR、クリエイティブの力は欠かせません。まずは事業構想大学院大学で地方創生の「タネ」を見つけ、関係業界の人と連動し、それをさらに大きく広げて、日本全国で役立てていただければと思って

いるところです。

課題として見えてきていることもあります。多くの場合、うまくいっている事例があれば、自分のところも同じようにしたいと模倣します。それはそれでマインドとしては大切なのですが、自分のところにしかないオンリーワンの資源をどう見出すかということにも留意していただきたいと思います。地方に行くと、「ここは何もない。ただ人がいて、風景があるだけ」と謙遜する声をよく聞きます。しかし、掘り起こしてみると、歴史の中にすばらしいエピソードがあったり、文化やスポーツという切り口で興味深いコンテンツが見出されたりすることがあります。

民間の企業の中にも、地域に注目しているところが少なくありません。こうした企業の動きをさらに促進するためにも、民間企業と地域との連動・連携を、私たちメディアがインフラとなって提供できればと思っています。

庄子　地方の人が大学に来て、いろいろな人との交流を通じて得たものを地元に持ち帰って新しいアイデアを生み出す、そういう場を提供されているのですね。

田中　みんなが出会い、考えるきっかけになる場にしていこうと考えています。東京生まれの人でも、両親のルーツが地方というケースがあります。ある地域へ旅行に行って、そこが大好きになって第二の故郷のように思っているという人もいます。どこかに必ず地域との接点があるので

す。アイデアを出せる環境を誰もが持っています。そういうことも考えながら、地域とのつながりを増大させる支援をしていきたいです。

インバウンド推進には地元の理解を得ることが大切

——地方創生という意味で、インバウンドに取り組む機運は高まっているのでしょうか？　豊岡市のような取り組みは、都道府県はともかくとして、市町村ではそれほど多くないようですが。

谷口　世間ではインバウンドが話題になっていますが、市町村では、何から手をつけていいのか分からないというのが実情ではないかと思います。行政の中でも、新しい分野なので、誰かが音頭を取って言い出さないと先には進みません。豊岡の場合、トップのリーダーシップでインバウンドを政策的に進めていくことになり、その推進組織として大交流課という部署が設置されました。ニセコや飛騨高山などのインバウンド先進地はともかくとして、一般的な市町村レベルでは、まだむずかしいのかもしれません。

田中　インバウンドはすべての経済活動にかかわってくるのですが、地元の人からすると、旅行・宿泊業が潤うだけだろうと考えがちです。旅館やホテルだけではなくて、地域内のさまざま

なところに価値を見出し、対価を払ってくれる仕組みを強化し、そのメッセージを出していくべきでしょう。多くの外国人が来てくれたときに、自分たちの地域の状況がどのように変わるのかということを、地域住民の方に伝えると、力になります。

山根　外国の人が増えるのは、いいことなのだと思っていても、マナーの問題などを考えると、迎え入れることを躊躇するという声も聞きます。地元の人の理解を得ることは軽視できません。みんなで良くなっていくという気持ちを地元で醸成することが、PRの仕事としては大事なことです。インナー向けのPRの大切さを痛感させられます。

庄子　豊岡市でも、インバウンドに対して地元の人の温度差のようなものはあるのですか？

谷口　旅行サイトには、豊岡に対する辛辣な意見も書かれています。ある外国人が、「京都から電車で来て疲れていたのに、レストランに入ったら、明らかに外国人を歓迎していない」と批判していました。このような書き込みを目にすると、すごく悲しくなりますが、その一方で、無理やりに外国人を歓迎させる必要があるのかなという疑問もあります。いろいろあってもいいと思います。私たちも海外に行って、さまざまな応対を受けます。自然体でいいのではないでしょうか。ただし、まち全体としては歓迎する雰囲気は必要ですよね。

山根　観光地の人は順応が早いと思います。そうでないところでは、外国人が大挙して押し寄せ

てきたら、多少は拒否する気持ちが出てくるかもしれませんね。

谷口　城崎温泉でも言葉の壁というか、話しかけられてどぎまぎしてしまうという人は多いと思います。そこで、言葉の問題を解消するため、先日、クラウド上に通訳がいて、三者で会話をするという実験を行いました。スマホでやり取りするのですが、土産物店など小さなお店では、英語のできるスタッフを常駐させる余裕はありませんので、こういう仕組みを使って対応することなども考える必要があるかもしれませんね。限られたシチュエーションでの会話のパターンはだいたい決まっていますので、場面に応じた指差しシートをつくって、指し示すことで会話ができるような工夫もしています。

山根　外国人からは、日本の魅力は「人」だという声も聞かれます。店員などの応対も影響しているのでしょうね。

谷口　城崎で積極的に外国人対応に取り組んでいる旅館はまだまだ多くないです。当初、「外国人は面倒くさい」と言っている旅館もありましたが、好むと好まざるとにかかわらず予約が入ってくるので、受け入れているうちに、外国人を見る目も変わるようです。外国の人は、ほんの少しの心遣いでもありがたがってくれるので、応対する側もうれしくなってくる。話をしてみると、案外通じたりもして、それがまた、おもしろいというようなことを聞いたことがあります。受け

入れる側の気持ちも少しずつ変わってきています。そういうことが好印象の背景になっている可能性はあると思います。

無理せず自然体でインバウンドに臨む

――これまで自治体は、国内の集客に目を向けていました。海外を対象とした場合、自治体や地域の態勢は変わってくるのでしょうか？

庄子　地域全体で緊張感を持って対応する必要はないと思います。まず意識を持つことから始めることが大切ではないでしょうか。２０２０年に向けて、各自治体でもボランティア育成を推進し、海外から訪れる人たちに向けて「おもてなし」の気持ちを広めるための受け皿整備についての取り組みが増えています。そのような受け入れ態勢の整備は、２０２０年の東京オリンピック・パラリンピックに向けて大事なことだと思います。一方で、何度も日本を訪れる外国人観光客の意見としては、普段着の日本を見たいということで、かなりディープなところへ足を伸ばしています。たとえば、熊野古道や、四国の八十八ケ所めぐりなどです。そのような場所では海外旅行客の受け入れ対応が必ずしも完璧とはいえませんが、そうした普段着の日本に触れることに新鮮さや驚きを感じ、新たな日本の魅力を感じていただいているようです。

もちろん、それだからといって、積極的にインバウンドへ対応しようという人に異を唱えているわけではありません。できるところからやっていけばいいということです。バランス感覚が重要です。ニセコの場合も、このような対策をしてほしいといった地元の声に自治体が対応するといった、ミクロのところからひとつずつ形をつくることで地域の受け入れ環境を整備しました。組織としては予算的な問題もありますので、できるところから始めることが自然ではないでしょうか。

谷口　豊岡の場合、インバウンドに関しては、城崎だけに偏重しているという批判はあります。豊岡市に宿泊する外国人のうち92％は城崎に泊まっています。インバウンドが増えたといっても、多くの市民は実感していません。そのため、いかに周辺へ広く経済効果を波及させるのかというのが大きな課題のひとつです。

山根　城崎ではなく豊岡という地名の認知度を上げていくのですか？

谷口　WEBサイトは、豊岡のサイトなのに「Visit Kinosaki」でやっています。パンフレットも城崎や出石を前面に出しており、豊岡という名前はタイトルには入っていません。いまはそれでいいということでやっています。ただ、いろいろな意見がありますので、今後は調整が必要かもしれません。

国内と海外の需要バランスを考えて健全な発展を

――政府は5年後に現在の2倍のインバウンドを目標に掲げています。これに向けて、日本の観光地はどのように対処していくべきだとお考えになりますか？

谷口　市長は、「大事なのは『おもてなし』ではなく『しつらえ』だ」とよく言っています。そこで、「しつらえ」の現状に関する調査を実施するように指示されています。クレジットカードを利用できる環境が整っているのか、ＡＴＭは適所に設置されているのか、そういうことを足元から見直そうということです。

また、地方に行けば行くほど、移動の手段が乏しくなります。ほとんどがバスになってしまいます。広く動いてもらうためには、そのあたりをどのように整えていくかが課題です。路線バスは、日本人でも利用するのが大変。目的地の確認などで戸惑うこともしばしばです。ましてや外国人にとって、路線バスを利用することは、アドベンチャーそのものです。乗りやすく、分かりやすい仕組みにしないと、地方のすみずみまでインバウンドを誘致するのはむずかしいと思います。地方へ行く高速バスをどうするかということも考える必要があります。交通の問題は重要だと思います。

山根　インバウンド誘致というと、海外の人とかかわるので、すごく特殊なことに思われるので

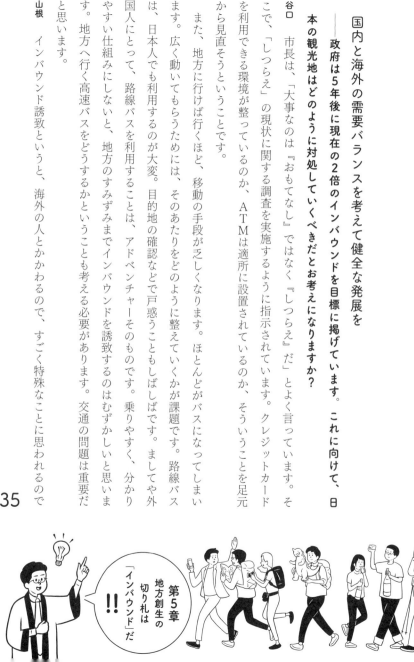

すが、ＰＲに関しては、ベーシックなことの積み重ねが大切ではないかと思います。まずは自分たちの魅力が何かということを第三者視点も交えて棚卸しすること。それと同時に、現状を分析し、ターゲットとなる国や地域を決めること。そして、その国に合う自分たちの魅力を、その国に合った適切なコミュニケーションで伝えていくこと。結局は、第三者視点も交えて自分を知り、相手に合わせて情報を出す、こうしたＰＲの王道を一つひとつ着実にやっていくことで、たくさんの海外の方に日本の魅力が分かってもらえると思います。「インバウンド誘致だから……」と臆することなく、積極的に情報発信していく姿勢が大切ではないでしょうか。

庄子　インバウンドは、ここ数年で脚光を浴びるようになりましたが、国内・海外とターゲットは変わるものの、誘致については、これまで行われてきた活動と特に異なるところはないと個人的には思います。いままでのものは捨てて、新たにインバウンドに取り組むというものではありません。インバウンド需要に注目されがちですが、現時点では、国内需要のほうがはるかに大きいのが現状です。その点をきちんと意識して、双方に配慮することが健全な発展につながり、地方創生にも資することになると思います。

田中　東京一極集中に歯止めをかけて、地域に賑わいを創出することは、いま日本全体が抱える課題です。観光インバウンドは、この課題に対する有効な回答になると思います。たとえば、観

光により、雇用を生み出す可能性があります。若い世代は、外国人とコミュニケーションを図る機会が増え、グローバルな仕事ができるということになるかもしれません。これまで想像もしなかった新しい観光センターが創設され、新しい職業、新しい働き方をつくることができます。そのような雇用が増えれば、すばらしいことだと思います。

もちろん、外貨を獲得できるという点も重要です。特にスペインやイタリアは、「食」で人を世界中から呼んでいます。スペインでは、外国人旅行者の約半数が、食を楽しむことを観光の目的にしているといわれます。そして、そのシェフらは和食から学んだりインスピレーションを得ていると聞きます。「本家」ともいえる日本は、食を通じたインバウンドを進化させることができます。そうすれば、日本の農村漁村も活性化します。しかも、食という切り口であれば、あらゆる世代、分野、富裕層から若者まで、多様な人を呼ぶことが可能です。

そのためにも、いかに現場の状況を知ってもらうかというPR視点が大切です。現状を同時進行で報告していくPRと、内外の人をつなぐコミュニケーションは、インバウンドを拡大していくうえで大きな推進力になると思っています。

――これからは、多くの外国人がいろいろな地域にやって来ます。さまざまな魅力をアピ

ールしていくことが必要となり、情報も広がっていくと思います。インバウンドは決して特別なことではなく「ふつう」のことになっていくでしょう。本日はありがとうございます。

（敬称略）

POINT

インバウンドは地方創生のチャンス。旅行者に魅力が伝わるよう情報を流通させるPR視点が求められる。ターゲットを見極め、ストーリーを設計。適切なタイミングで情報を拡散させていく流れをつくり、検証していく。

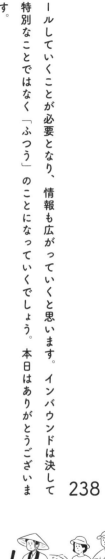

広域連携でインバウンド誘致に取り組む
「せとうち観光推進機構」

瀬戸内ブランドの確立により地方創生の実現も目指す

複数の県にわたる広域連携と日本版ＤＭＯによってインバウンドの取り込みを推進し、地域の観光振興を進めている「一般社団法人せとうち観光推進機構」。地方創生の牽引役も期待される同機構の村橋克則・事業本部長に、ＤＭＯへの取り組みなどについてお話を聞きました。

「瀬戸内ブランド」推進体制を強化するためにＤＭＯを設立

最近、観光振興の新たな担い手として、官民連携による組織「日本版ＤＭＯ」が注目されています。ＤＭＯとは、地域の観光戦略を立案し、マーケティングやプロモーションなどを一体的に実施する組織と解釈されています。欧米では各所に設立されており、観光協会など従来の組織とは異なり、観光ＰＲや情報発信だけでなく、市場調査や旅行商品の企

画提案なども手がけています。地方創生の牽引役としても期待されていることから、政府は2020年までに、世界水準のDMOを国内100カ所に設ける目標を掲げています。

こうした新たな試みにいち早く取り組んでいるのが、「せとうち観光推進機構」などによって組織されている「せとうちDMO」です。瀬戸内の魅力を国内外にアピールすることをはじめ、インバウンドの取り込みなどにおいて、先導的な役割が期待されています。

この「せとうちDMO」の大きなテーマのひとつが「瀬戸内ブランドづくり」です。個別に存在する観光資源をひとつにまとめ、瀬戸内全体を俯瞰して価値の最大化を追求するというものです。ただし、広域エリアを統合する形で観光振興を図

るという戦略は、2013年、瀬戸内を共有する7県（兵庫県、岡山県、広島県、山口県、徳島県、香川県、愛媛県）によって「瀬戸内ブランド推進連合」が設立されたときから始まっています。

同連合は、「瀬戸内ブランドづくり」のマーケティング・プロダクト開発を推進し、瀬戸内が国内外の多くの人々に認知され、何度でも訪れたい場所に選ばれる地域（ブランド）となるよう、さまざまな取り組みを行ってきました。

「せとうち観光推進機構」は、瀬戸内ブランドづくりをさらに強化するため、2016年、瀬戸内ブランド推進連合が発展的に改組され、民間の事業会社の参画も仰いで再スタートしたものです。そして、この組織改変と同時に、「観光地経営」の舵取り役を果たす「せとうちDMO」の構築も図られたわけです。

「かねて欧米の動きを見てDMOを研究していた広島県知事が、瀬戸内ブランド推進連合の構想を打ち出したころから、DMOの設立を模索していました。そのようなときに、たまたま国のほうからもDMOを推進しようという政策が出てきて、ちょうどタイミングが合って設立に至りました」（村橋事業本部長）

ノウハウを共有できることなどがDMOのメリット

せとうちDMOは、マーケティング・プロモーションを策定実行する「せとうち観光推進機構」と、観光関連事業者への事業開発支援を行う「瀬戸内ブランドコーポレーション」によって構成されています。瀬戸内が有する幅広い観光資源を最大限活用しながら、多様な関係者とともに情報発信・プロモーション、綿密な調査に基づくマーケティング、戦略策定などを行い、地域が主体となって行う観光地域づくりを推進しています。

このDMOについて、村橋本部長は「ノウハウの補完関係を構築できることに注目しています。関係機関が一緒に事業を進めることで、それぞれが持っている知見を学ぶことができます。お客さまを共有するという効果も期待できます」と、その利点を指摘します。また、予算の使い方が柔軟になるというメリットもあります。予算は、各県の負担金などで構成されるため、自由に使えるわけではありませんが、組織が自治体から独立しているので、かなり弾力的な運用が可能です。

このほか、予期しない効果もありました。せとうちDMOは、日本版DMOとしてはパイオニア的な存在なので、取材や講演の依頼が殺到しており、村橋本部長は「瀬戸内の名前を広める意味では、かなりのPRになりましたね」と笑顔を見せます。

なお、せとうちDMOにおいて、「せとうち観光推進機構」の果たす役割は、瀬戸内全体のコンセプトや目指す姿を掲げ、全体プロモーションなどの展開を通じて、瀬戸内をテーマとしたサービスや商品に対する需要を創出するとともに、瀬戸内ブランドのプロダクト（観光関連サービス・地域産品など）の開発を誘導することです。

「組織を支えるスタッフは、県と民間からの出向です。理事は各県の観光課の部長や次長などが兼任しています。人材を派遣している民間企業は、大手の旅行代理店、鉄道会社、ネット系旅行会社、商社、流通業者などです。まさに官民が一体になった態勢ですね」（村橋本部長）

マーケティングの視点をはじめ、民間ノウハウを活かした戦略的な施策展開を行うため、官民の連携を強化したことが、新たな組織の大きな特徴といえます。「地域間競争に打ち勝つための迅速な意思決定と、外部環境の変化に柔軟に対応できる運営態勢への期待は大きい」と村橋本部長は力を込めます。

個人客やリピーターの増加は、瀬戸内への集客に追い風

旧組織の瀬戸内ブランド推進連合では、「瀬戸内が全世界の人々に認知され、一度なら

ず二度、三度と訪れてみたい場所として選ばれるようになる」という瀬戸内のブランド化を目指し、瀬戸内の認知度とブランド力を高め、国内外からの誘客増大を図る取り組みを行ってきました。

今後は、従来の施策をさらに発展させ、「クルーズ」「サイクリング」「アート」「食」「宿」「地域産品」という六つのテーマを中心に観光振興を図っていくことなどが予定されています。新組織の「せとうち観光推進機構」には、事業者をサポートする部会が設けられ、新商品の開発や、既存商品のブラッシュアップを図っています。

また、PR面の活動について村橋本部長は、「軸はWEBに置こうと思っています。『瀬戸内Finder』という独自のサイトを運営していますので、これに磨きをかけてプラットフォームにしていきます。事業者の情報を増やして、ユーザーとマッチングさせたいですね。動画による情報発信は旅行や観光と親和性が高いので、これも積極的に活用しようと考えています」と、時流を見据えた展開を予定しています。

インバウンド誘致におけるターゲットについては、瀬戸内への来訪の多い台湾人、中国人、欧米人などに狙いを定めています。

「瀬戸内は、観光地としては第一ブランドではありません。すでに訪日の経験があり、も

っと日本を知りたいという人が、3回目、4回目の訪日でやっと瀬戸内へ来てくれます。ターゲットとしては、日本の文化や歴史を深く知りたいと考えている人や、のんびり旅行ができる富裕層などを想定しています。昨今の訪日客は、個人客やリピーターが増えているので、そろそろ瀬戸内にもトレンドの波がくるのではないかと期待しています」（村橋本部長）

　国内と海外で、観光資源のアピール内容は変えないとのことですが、海外については、各国の事情を考慮して、プロモーションの手段を選択するという方針です。SNSの発達の状況、メディアへの接触態度などが国や地域によって異なるためです。

「台湾は、旅行会社の影響力が強いので、旅行商品の流通対策が重要となります。中国はSNSが発達

しているので、中国版のフェイスブックやラインに当たるものにアプローチしようと思っています。旅行博への出展は、各県で協調して参加するつもりです」（村橋本部長）

原爆ドームやしまなみ海道をはじめ、瀬戸内にはバラエティに富んだ観光資源が存在しています。せとうち観光推進機構が取り組む広域連携により、こうした多彩な観光資源を共有することが可能となり、長期の滞在に耐えうる観光ルートの開発も推進されることになります。ただし、エリアが広くなることについては、課題がないとはいえません。この点について村橋本部長は「コンテンツへのフォーカスが甘くなって、浅くなる懸念もあります。ポイントを押さえた周遊ルートを提案するなど、観光資源をしっかりとアピールして、外国人観光客に満足してもらえるようにしたいですね」と表情を引き締めます。

数字的な目標としては、２０２０年に外国人観光客の民泊数（延べ宿泊数）を３６０万人泊にすることを掲げています。この目標値は、２０１４年の実績の2倍以上に当たるもので、インバウンド誘致に対する同機構の意気込みが伝わってきます。

「インバウンドの取り込みが本格化するのは、これからだと考えています。最終的にお客さまに商品・サービスを提供するのは、私たちではなく、地域の事業者や住民の皆さんですので、その人たちが本気になって輝ける舞台を提供することが重要になります。そのた

めのマネジメントをしっかり行うことが私たちの使命ですね」（村橋本部長）

地方創生も視野に入れて、インバウンド誘致の新たな試みを推進する同機構。今後の動向が大いに注目されるところです。

おわりに

２０１５年の「流行語大賞」になった「爆買い」ですが、最近の報道では「爆買い失速」「爆買いに陰り」といったニュースが多く見受けられるようになってきました。「爆買い」に代表されるインバウンド消費が冷え込みつつあるとはいえ、日本でのインバウンド需要はまだまだ右肩上がりであることは間違いありません。

本書は、大きく次のふたつの柱から構成されており、「体験型」のインバウンドこそが今後の日本及び地方を活性化させる重要なカギになることを語っています。

・「爆買い」やショッピングによる「モノ消費」から、歴史・文化や精神的な癒やしの享受による体験型「コト消費」への訪日中国人の消費インサイトの変容

・日本と中国に在住しているコミュニケーションの専門家である二人の中国人女性による中国人インバウンドへの提言と異文化コミュニケーションに対する示唆

読者の皆さんは、地方自治体・各種団体・民間企業の方々と業種・職種がさまざまであるうえ、今後新たにインバウンド施策を検討される方、あるいはすでにインバウンド施策を実行されており、次なるステージに向けた準備や戦略構築を模索されている方といったように、置かれた立場や環境がそれぞれ異なることと思います。

そうした中で、「体験型」インバウンドを成功に導くためには、どうすればいいのか？

本書では、「第三者目線」の重要性を繰り返し説いています。「うちの地方には何も観光資源がない」「うちの会社にはおもしろいコンテンツや役立つサービスがない」といった場合であっても、純粋な「第三者目線」のフィルターを通してみると、地元（自社）の〃当たり前〃が黄金の宝にも成りうるのです。

インバウンド施策を実行するにあたって、「何もない」「何をしていいか分からない」とお悩みの読者は、ターゲットとするネイティブの方やコミュニケーションを生業とする我々のような「第三者目線」を活用し、訪問の動機づけとなる関心事やそこで体験できる

興味の可視化を検討することから始めてみてはいかがでしょうか。

日本人が思い込んでいるインバウンドと外国人が実際に求めているものの間にギャップがある事例として、本書の中で「満員電車と新橋駅付近のガード下がおもしろい」「渋谷のスクランブル交差点はすごい」といった話題を紹介していますが、「第三者目線」を活用しなければ、こうしたインサイトは抽出できないはずです。

また、これから新たなインバウンド施策を模索されている読者は、極めて王道のアプローチですが、「現状把握→ターゲットの設定→ターゲットに向けたコミュニケーション戦略の立案とテーマ・ストーリーの設計→適切なタイミングでの情報拡散→モニタリング」の一連のPDCAサイクルの棚卸しをお勧めします。その中でも、ターゲットの明確化（対象とすべき国・地域）と、コミュニケーション戦略におけるテーマ・ストーリーは、ターゲットに本当に刺さり、態度・行動変容に寄与しているのかの検証は、重要なチェックポイントになります。

皆さんもお聞きになったことがあるかと思いますが、近江商人が信用を獲得するために大切にしていた「三方良し」という商いの精神があります。「三方良し」とは、「売り手良

し」「買い手良し」「世間良し」の三つの「良し」のことです。売り手と買い手が満足し、また社会貢献ができてこそ良い商売であるという意味です。

私はインバウンド・ビジネスにおいても同じことが言えると思います。訪日外国人観光客にとって「良いこと」、外国人観光客を迎え、サービスやおもてなしを提供する日本のインバウンド・ビジネスの当事者にとって「良いこと」、そして忘れてはならないのが、外国人観光客を迎え入れる組織・地域・社会にとって「良いこと」、この「三方良し」が成立しなければインバウンド・ビジネスとしての成功とは言えないはずです。

中国語ではPR（Public Relations）を「公共関係」と訳します。そして、インバウンドの「三方良し」を成立させるためにはコミュニケーションの役割が非常に重要で、そのコミュニケーションの中でも、特にPR（Public Relations）＝「公共関係」という社会との対話力が大きな力を発揮するのです。本書のタイトルを「PR視点のインバウンド戦略」にしたのは、こうした強い思いがあったからです。そして、PR（Public Relations）＝「公共関係」の視点を読者の皆さんのインバウンド戦略に組み入れていただき、本書が皆さんのインバウンド・ビジネスの一助になれば幸いです。

本書の出版に際して、鄭燕さんと可越さんというエネルギッシュで、人を惹きつける、とても魅力的な中国人の女性と出会い、日中間の文化やお互いの考え方などについて、いろいろな角度から話をしてきました。こうした中国人の方との身近な出会いとお互いをリスペクトし、信頼する気持ちこそが日中間のコミュニケーションを埋める最短の近道であり、その思いが本書の礎となっています。

最後になりましたが、本書の取材・執筆をサポートしていただいた電通パブリックリレーションズの関係諸氏、中国サイドの情報収集や取材アレンジなどでご協力いただいた電通公共関係顧問（北京）の吉原瑞樹さん、橋口いずみさん、王倩さん、李蘭蘭さん、多難な道のりを無事に出版まで導いていただいた宣伝会議の上条慎さん、浦野有代さん、ライターの遠藤憲司さんにこの場を借りて心より御礼を申し上げます。謝謝！

2016年深秋　電通パブリックリレーションズ
「PR視点のインバウンド戦略」出版プロデューサー　園生泰秀

編著者プロフィール

鄭 燕（てい・えん）
電通公共関係顧問（北京）総経理。一橋大学卒業後、アクセンチュア日本法人を皮切りに、電通本社を経て、電通パブリックリレーションズに入社。外国人初の日本パブリックリレーションズ協会認定 PR プランナー資格を保有。日系およびグローバル企業の戦略・コミュニケーションコンサル歴 16 年。2011 年電通パブリックリレーションズの中国現地代表として、現地 PR 会社の代表に就任。2015 年より現職。

可 越（か・えつ）
日中コミュニケーション取締役。電通公共関係顧問（北京）顧問。桜美林大学東亜研究所 客員研究員。東京大学大学院修士。国土交通省「ビジット・ジャパン・キャンペーン」中国部会メンバー、観光庁「魅力ある日本のおみやげコンテスト」審査委員、観光庁「観光おもてなし研究会」委員などを歴任、日本の大手企業の中国向け PR コンサルティング、各地方の観光コンサルティングを行う。2012 年雑誌『AERA』の「アエラが選ぶ　日本を立て直す100人」に選ばれた。

冨永真実子（とみなが・まみこ）
電通パブリックリレーションズ 第 3 ディレクション局 シニア・コンサルタント。中央大学大学院（公共政策）を卒業後、自治体に 8 年間勤務。2016 年、電通パブリックリレーションズ入社。自治体での業務経験を活かし、主に官公庁の PR 関連業務、インバウンド関連業務に携わる。

庄子陽介（しょうじ・ようすけ）
企業広報戦略研究所 主任研究員。一橋大学を卒業後、札幌テレビ放送（ＮＴＶ系列）にて報道記者、ＴＶディレクター業務に携わる。ＰＲ会社を経て、2015 年電通パブリックリレーションズ入社。官公庁および地方自治体、民間企業の戦略ＰＲコンサルティングに携わる。

山根 勇一（やまね・ゆういち）
電通パブリックリレーションズ 地方創生プロジェクト PR ディレクター。2007 年 4 月、電通パブリックリレーションズ入社。メディア部門を経て、ディレクション部門へ。官公庁・地方自治体の PR 戦略立案・実施に携わり、地方創生、インバウンド、オリンピック・パラリンピック関連業務などに携わる。日本パブリックリレーションズ協会認定 PR プランナー。

新井健太（あらい・けんた）
電通パブリックリレーションズ コンテンツディストリビューション部 PR プランナー。2011 年 4 月、電通パブリックリレーションズ入社。同年 9 月にデジタル部門へ。以来、年間 100 案件以上のデジタル PR 施策実施に携わる。現在は、オンライン動画制作・拡散をはじめ、デジタルを基軸としたコンテンツ開発、および情報流通設計に従事している。日本パブリックリレーションズ協会認定 PR プランナー。

池田愛之（いけだ・あいし）
電通パブリックリレーションズ 関西支社ディレクション部 PR プランナー。2012 年 4 月、電通パブリックリレーションズ入社。同年 6 月から関西支社。食品メーカーの商品販促コミュニケーションや大型商業施設の開業プロモーション、BtoB 通販企業の PR コンサルティング業務などクライアントの窓口として、課題解決に向けた PR プランニング、ディレクションに携わる。

〈会社紹介〉株式会社電通パブリックリレーションズ
マーケティング・コミュニケーションおよびコーポレート・コミュニケーションの領域で、戦略提案から専門的なソリューションまでフルラインで提供する。「PR アワードグランプリ」「IPRA ゴールデン・ワールド・アワード」など国内外でのアワード受賞実績多数。電通公共関係顧問（北京）有限公司に合同出資。社内シンクタンク「企業広報戦略研究所」を設立。

本書に関するお問い合わせは、下記までお願いいたします。

電通パブリックリレーションズ
『PR視点のインバウンド戦略』書籍担当宛
メール：inbound @ sec.dentsu-pr.co.jp

PR視点のインバウンド戦略

訪日中国人の興味は「爆買い」から「体験」、「都市」から「地方」へ

発行日　2016年11月1日　初版

著　者　株式会社電通パブリックリレーションズ
鄭 燕　電通公共関係顧問（北京）有限公司・可 越　日中コミュニケーション株式会社
発行者　東 英弥
発行所　株式会社宣伝会議
〒107-8550
東京都港区南青山 3-11-13
TEL. 03-3475-3010（代表）
http://www.sendenkaigi.com/

執筆協力　遠藤憲司（ぷれす）
装　丁　佐藤亜沙美（サトウサンカイ）
イラスト　岡村優太
DTP　岩井康子（アーティザンカンパニー）
印刷・製本　株式会社廣済堂

ISBN 978-4-88335-376-7